AF372415

STELLA DÍAZ VARÍN

ALVARO RUIZ

EDITORIAL
UNIVERSIDAD
DE LA SERENA

STELLA DÍAZ VARÍN
Alvaro Ruiz Fernández

Colección Biografía Breve
ISBN 978-956-7052-19-6
Junio 2017

© Editorial Universidad de La Serena
Los Carrera 207 - Fono (51) 2204368 - La Serena
editorial@userena.cl
www.userena.cl/editorial

Diseño: Alejandro Abufom
Fotografía de portada: Leonora Vicuña

INDICE

Prefacio

Recuerdo a Stella Díaz como una mujer magnética y rebelde. Alta, pálida y de una dulzura tan grande como el mito que de ella se tiene. Profesaba con nitidez lo que su interior dictaba, asumiendo con dignidad y extrema valentía las consecuencias que su rebeldía produjo, en un país conservador y muchas veces injusto con sus artistas, que desconoce a sus genuinos talentos, especialmente a aquellos que se declararon rebeldes y autónomos del oficialismo cultural y político. La vida le costó más de la cuenta, sufrió un desgaste permanente en pos de una austera subsistencia, que apenas le alcanzaba para sobrevivir el día siguiente. Son demasiado los casos en Chile de barbarie en detrimento de grandes poetas y escritores. No es mi afán enumerarlos, sin embargo me es difícil olvidar los casos de Alfonso Alcalde, María Luisa Bombal, Jorge Teillier y Rolando Cárdenas, entre otros extraordinarios exponentes de la literatura chilena. Se sabe muy bien que Stella Díaz Varín fue una poeta a la cual se le conoce más por su leyenda que por su breve y destacada obra. El escritor José Miguel Varas la recuerda como una "bellísima colorina rebelde de piel láctea que frecuentaba los bares con Enrique Lihn y Alejandro Jodorowsky". Fue una auténtica descendiente de Enheduanna y de Safo, y el amor inalcanzable de casi toda la generación del 50, hasta el punto que el mismísimo Jodorowsky la ha llamado su "mujer cumbre".

En esta semblanza he hablado de ella y de su vida entrelazando personalísimas e inéditas declaraciones suyas al texto que he realizado, con el fin de hacerla partícipe de esta biografía, como protagonista central y en primera persona.

A Stella, una y otra vez llamada *La Colorina* o *La Pelirroja*, por su ígnea cabellera de juventud, le gustaba conversar con sus pares hasta entrada la noche, fumar y beber vino blanco, narrando episodios vividos o señalando a voz alzada los principios éticos, los ineludibles mandamientos órficos del auténtico poeta. Tengo una imagen imborrable de ella, la de una vez que entramos a un bar cercano a su domicilio en la Villa Olímpica, donde después de habernos brindado unas insufladoras copas, a los pocos pasos fuera del tugurio nos asaltaron unos rufianes. Ella gritó a todo pulmón *¡dabsin dubsin!* y *¡policía!* Los tipos sorprendidos por su desafiante actitud y álgido vozarrón huyeron despavoridos por entre las arboladas calles del sector y nosotros nos fuimos a su departamento a beber nuevos blancos claros como el paño raso del amanecer, blanco, en esa luz primera de un mismo y eterno amanecer.

Stella Díaz tuvo afinidad inmensa con el poeta Teófilo Cid, y con los otros poetas surrealistas miembros del grupo Mandrágora. Conoció y estrechó lazos con dos de los grandes de la poesía chilena, Pablo Neruda y Pablo de Rokha, a quienes recuerda con asombrosa claridad.

Muchos años después comprendí que sus características interjecciones o expresiones onomatopéyicas significaban algo más que el sonido de ellas. El *dabsin*, el *dubsin* y el *ñauñau* eran la síntesis pura de ideas u oraciones extensas que le causaban un gran tedio desarrollar. Según sus palabras son "pequeñas rasmilladuras del lenguaje" o "palabras comodines" que sirven para acotar el discurso. Queda de manifiesto la influencia de la escuela surrealista en su vida y en su obra.

Existe una desgarradora declaración suya donde nos dice que su vida ha sido de muchas derrotas y pocos logros. Realidad absoluta desde el punto de vista mundano, con la salvación que todas aquellas derrotas hoy significan un categórico triunfo, el de permanecer con nosotros hasta el último respiro.

Una sola será mi lucha/ Y mi triunfo; / Encontrar la palabra escondida/ aquella vez de nuestro pacto secreto/ a pocos días de terminar la infancia./ Debes recordar/ dónde la guardaste...

El desaparecido poeta y amigo, Aristóteles España, refiriéndose a la importancia que tuvo Stella en nuestra generación, nos dejó una elegíaca reseña de lúcidas y sentidas palabras, visión que comparto plenamente por su veracidad, señalando que: *Nos propuso una estética de la fuerza contra la adversidad. Nadie como ella la vivió en carne propia. Ignorada por el partido socialista, las academias y los círculos literarios, fue, sin duda, la más grande de todas. Admirada, hermosa, arrogante, siempre estuvo ajena al poder y la gloria.*

Alvaro Ruiz
Punta de Tralca, Mayo de 2017.

Infancia y adolescencia

Soy una mujer eminentemente feliz, callada la boca, en un pedazo de tierra, mirando, escarbando. Es algo que me llama y me protege de todo. Me crié en ese paisaje del norte chico, bíblico total, de unas soledades increíbles y precordilleranas, donde plantas un palo de escoba y te brota...

Stella Díaz Varín

Stella Adriana Díaz Varín nació en la ciudad de La Serena el 11 de agosto de 1926, en una familia de clase media y de varios hermanos. Su padre fue un relojero anarquista que le transmitió sólidos valores éticos y por sobre todo, su ideal político revolucionario. Su madre, una gentil dueña de casa descendiente de una familia de origen francés, le enseña los tiempos que fueron, costumbres, buenos hábitos y reservados secretos de cocina. Stella Díaz siempre recordó a sus progenitores con genuino amor y agradecimientos

Desde muy niña le gustó el mar, el esplendor del océano siempre llamó su atención, el perseverante sonido de la rompiente y la blanca espuma de las olas reventadas contra las rocas de su infatigable memoria. De hecho, la poetisa, recordando su adolescencia alguna vez comentó los paseos solitarios, cabellera al viento, que realizaba desde la céntrica Alameda de La Serena hasta el Faro Monumental, a orillas del mar, hacia donde escapaba al atardecer para, cual Anfítrite, entregarse a él, a ella, la mar, a la hora centelleante del crepúsculo, cuando la poesía descendía a apaciguar sus horas de desasosiego. Azul, roja o verde, la misma mar en sus ojos, en su tacto y en sus oídos, una permanente sinestesia, en su vida y en su obra.

Anecdóticos son sus recuerdos de infancia en una ciudad calma a orillas del río, desde donde y sin darse cuenta, observa y nutre su gran imaginario, encausándolo lenta e inconscientemente hacia una futura escuela literaria que adheriría a las corrientes surrealistas chilenas, descendientes directas del movimiento encabezado por el poeta André Breton en París, replanteado en Chile por el grupo Mandrágora[1], vía Vicente Huidobro, lo que consecuentemente fue una gran influencia sobre Stella.

Sus recuerdos son fidedignos a partir de una realidad ricamente trastrocada, donde lo imaginario es parte de la cotidianidad vivida, y esa misma y absoluta realidad, le otorgan un sentido imaginario a su obra: la escuela rigurosa de la observación y sus días juveniles en la ciudad de La Serena. Recuerda que asistía a los circos que llegaban de paso a la ciudad, con la finalidad de observar y descubrir sus trucos, señalándonos cómo se deleitaba con la Mujer Barbuda que mostraba los músculos del bíceps y que forcejeaba contra la mujer fenómeno que se alimentaba de sabandijas.

"Los circos pobres y no tan pobres se instalaban frente al Cine Royal y ahí fue como observé que el león Menelik le comió la cabeza al domador a vista y presencia de los concurrentes" sostiene la poeta en una extensa e inédita entrevista concedida a la periodista y escritora Claudia Donoso. Y remata sosteniendo que *"lo que yo sí observé fue a la mujer que tenía tres cabezas y que según decían se alimentaba de alimañas, por lo tanto antes de irme al liceo pasaba por el*

circo en la mañana y veía barrer hacia fuera patas de rana, arañas y colas de ratón y huesitos de pollo a medio roer".

De sus tiempos recreativos durante su adolescencia, Stella Díaz nos confiesa que le gustaba ir a pasear *"al Cinco de Queso, un barrio que para la gente era sinónimo de algo ominoso, cruento y horrible. No era que estuviera prohibido, sino que a nadie se le ocurría ir, porque no había siquiera un árbol, una flor, una maleza. Otra parte donde iba mucho era al Bramadero, que era el barrio donde estaban el matadero y los toriles. Esos extramuros tenían que ver con cárceles, con mujeres abandonadas y con asesinos. No era un lugar de ida y vuelta porque si uno tomaba esa dirección terminaba saliendo de la ciudad y por eso se le conocía como* El Camino de los Trenes, *"con olor a substancias criminales" como digo en un poema".*

La muerte del padre cuando ella aún era una niña de tan sólo diez años, le afectó enormemente, Stella entristece hasta enfermar:

"Él se murió y yo quedé por ahí rondando aterrada por la casa, me llené de furúnculos y renuncié a andar a caballo porque consideré que tenía que dejar de hacer lo que más quería. Empecé a chuparme el dedo del corazón y el índice juntos, y adquirí una destreza increíble para que no se notara. Amaba a mi padre. Se me vino el mundo abajo, porque mi papá fíjate que algo vislumbraba. Yo no soy nadie, pero él me decía -usted es diferente-. Porque yo escribía poemas a los seis años y se los mostraba a él, que era todo para mí. Tenía muchos amigos masones, pero él era un agnóstico. Recuerdo que viajaba a Santiago a comprarme muñecas de porcelana alemana y lazos para el pelo de gros verde esmeralda y vestidos de organdí, entonces a mí me daba mucha pena porque a mi mamá le daba rabia que a su hijo mayor, a su primogénito, no le pasara lo mismo, porque mi papá me amaba, me adoraba y yo lo amaba

a él. Entonces al morir se acabó lo que se daba y ahí entró a tallar mi hermano y a reivindicarse. Yo ya no valía nada si no estaba mi papá.

Años después escribirá este sentido poema a su memoria:

Gigante muerto en tu fosa oscura
Yaces dormido desde que el sol
Por vez primera en la espesura pintó el celaje
de un arrebol.
No te despierta la voz más dura
Cuando tú llegas, libre cual pluma
La canción verde que canta el mar.
Alma de roca, yo te he escuchado
Cuando la luna baña tu faz
Lloras, no mientas
Qué inmenso lago tienes formado como si fueras el mar.

Comienza en ella una etapa de introspección. Se transforma en una asidua visitante a la biblioteca municipal donde lee por largas horas y lleva libros prestados a casa asesorada por el encargado de la biblioteca, entre ellos las obras completas de Fedor Dostoievski. En el liceo destaca por sus inclinaciones literarias. Es seleccionada para recitar un poema suyo ante el presidente electo Gabriel González Videla, cuando éste efectuaba una visita a su ciudad natal. Años después y en reciprocidad, Stella obtuvo una beca para que hiciera sus estudios superiores en Santiago, donde finalmente se instala con gran austeridad como estudiante de medicina, pensando algún día transformarse en psiquiatra y recorrer los recovecos del alma y de la mente, en una pensión de la calle Cumming con la Alameda, en el centro de Santiago.

Respecto a su madre nos dice que *"era una mujer estoica que no daba su brazo a torcer. Con una dignidad, con un señorío que ya me lo quisiera al menos diez minutos al mes. Y no lo tengo. Era así la señora, fabulosa e inmensamente dulce"*.

Hay un hito importante en su vida literaria y es el encuentro que sostuvo con Gabriela Mistral el año 1943, cuando aún era alumna del liceo de La Serena. De ello textualmente recuerda: *"Cuando estaba en segundo año de humanidades, Gabriela Mistral visitó La Serena y se hizo un acto para ella en mi liceo. La Luzmira Peñailillo que había sido compañera de mi abuela era en ese tiempo la directora, me presentó a la Gabriela Mistral como a la poeta del colegio. Yo asustada, miraba a esta mujer inmensa con esos tremendos ojazos y ella se acercó, me acunó entre sus pechugas, me besó en la frente, se quedó un instante mirando al infinito y me dijo: -Pobrecita, pobrecita-"*.

Reafirma su calidad de poetisa, continúa con sus lecturas literarias, comienza a escribir con mayor disciplina y se hace cajista del diario serenense *El Chileno*[2], fundado a comienzos de siglo en esa ciudad.

Recordando aquellos años de adolescencia afirma que: *"fui cajista, ¿tú sabes lo que es eso?, ¿y las galeras que era donde se colocaban los tipos, las letras, las comas, una por una, en el año de la gran pera? Bueno, yo componía los párrafos y llegué a ser la mejor cajista, además de escribir mis cosas. El Chileno estaba al lado de* El Coquimbo[3] *que siempre salía empastado porque le ponían demasiada tinta a las galeras y nosotros en* El Chileno *salíamos estupendo. En* El Coquimbo *había un hombre extraordinario desde el punto de vista humano y de su consecuencia política, con el cuál después me tocó trabajar en Quimantú*[4]*: Alejandro Chelén*

Rojas[5]. *El hombre era socialista, tenía ideas libertarias, había leído a Marx y a Sancho, Perico y Diego. Entonces un día le dije: "Bueno, usted es del Coquimbo y yo soy de El Chileno, ¿por qué no nos sentamos a conversar alguna vez?", de manera que tuve el privilegio de conocer a este sujeto cuando yo era chica y estaba enamorada hasta las patas de él. No me atrevía ni siquiera a mirarlo, ¿me entiendes tú?, porque era demasiado. Fue la primera persona que me habló de Trotsky y de la Rosa Luxemburgo[6] y con él aprendí cualquier cantidad de cosas".*

Hay un precioso poema inspirado en esos años, donde Stella ya da cuenta de su excelencia poética. Aún cursaba sus estudios secundarios (humanidades) y tenía por amiga y compañera de curso a Raquel Collado, una de las mejores alumnas, razón por la cual Stella visitaba asiduamente su casa. El padre de Raquel era un esforzado herrero que para mantener el hogar trabajaba hasta el anochecer. Recuerda que no contaban con luz eléctrica y que la fogata de la herrería hacía resplandecer la casa. Esa imborrable imagen la transforma en un nostálgico y bien logrado poema en prosa con el que inicia su segundo libro publicado y que lleva como título "Canto a Anadir"y que pertenece a *Sinfonía de hombre fósil*, (Ediciones Salamandra, Santiago, 1953).

Para ir a ver al herrero, muchas veces he cruzado la misma calle, y los niños y los perros me siguen, y los gatos abandonan su propio calor para excitarme con su morbidez las pantorrillas.

Y vi al herrero Anadir. Estaba él con su casaca de piel y su brazo, largo como un péndulo, oscilando del garfio de la fragua; sus ojos verdes tan grandes como su frente y oblicuos, miraban la llama roja que iluminaba su pecho y sus hombros. Es casi un niño y es alto y magro como un pobre árbol pobre.

El herrero es mudo Anadir, y no tiene sino sus ojos para conversar, y como sus ojos son tristes y están siempre fijos en el fuego, yo creo que el herrero se quedó mudo voluntariamente, porque su mirada no juega ni parlotea como la mirada de los hombres vulgares que yo veo en las esquinas, a la salida de las iglesias, o en las tabernas, donde bebo mi vino por las noches...

Una vez instalada en Santiago recordará poéticamente de su ciudad natal que *"Yo ya no la quiero porque perdió su esencia y la quiero porque la caminé y sentí sus olores a jazmín naranjo, a jazmín aurora, a jazmín de España, a jazmín de Siberia y a jazmín de Jujuy".*

Traslado a Santiago

En 1947, a los veinte años de edad Stella Díaz se traslada a la ciudad de Santiago con la finalidad de realizar sus estudios superiores, específicamente como estudiante de la carrera de medicina, con la intención de especializarse más tarde en psiquiatría, carrera que pronto abandona para dedicarse de lleno al mundo de las letras. He aquí el inicio de su intensa vida literaria en la capital. Se instala en una pensión para estudiantes cercana al Instituto Pedagógico de la Universidad de Chile, situado en aquellos años en la Alameda con calle Cumming, y donde pronto llegará a vivir con ella su querido hermano menor Gustavo Díaz Varín, quien trágicamente años después desaparecería para el golpe de estado de 1973:

"Mi hermano que yo amo, mi hermano yunta, mi hermano poeta desaparecido el once de septiembre. Cuando yo me vine a Santiago él se vino a la siga mía. Tenía diecisiete o dieciocho años, se subió de pavo a un camión en Coquimbo, se escondió debajo de unas lonas y se vino a Santiago a estar con su hermana. Entonces eran los tiempos de cuando vivíamos juntos en la pensión de la calle Cumming con la Alameda. En esa pensión mía vivían obreros y gente muy pobre. Arrendábamos por pieza y con Gustavo, mi hermano, dormíamos los dos en mi cama que era inmensa de dos plazas con colchón de crin".

Una vida difícil económicamente es la que lleva Stella en Santiago, las carencias y dificultades económicas son pan de todos los días. Conoce al destacado poeta Teófilo Cid[7], quien se transformará en consejero y amigo cercano y, a través de él, a los poetas del grupo Mandrágora, entre ellos a Braulio Arenas[8], Enrique Gómez Correa[9] y al talentoso Jorge Cáceres[10], quien fallece a temprana edad, poetas con quienes estrecha lazos literarios y gran admiración. De aquellos tiempos en que conoció a Teófilo Cid, con nostalgia Stella recuerda: *"Lo conocí a los veinte años de edad cuando llegué a Santiago de La Serena y él me dio un espaldarazo. No era poco decir porque odiaba a las poetisas, a las que llamaba puetizas, poetordas, putaizas, poemizas, porque el tipo jodía descalificando a la gente, mirando en menos, y removía las heridas con cuchillo de zapatero. Y cuando Helio Rodríguez[11] le habló de mí antes de que nos conociéramos. Teófilo le dijo: -No creo que sea buena, es demasiado espectacular como mujer-, ¿entiendes tú? Claro, porque yo tenía pinta de cualquier cosa menos de puetiza, que tienen que ser lánguidas y sin chispa"*.

En relación a esos días en que llega a radicarse en Santiago ratifica lo anterior señalando: *"Había aquí una riqueza increíble cuando yo llegué de La Serena el año 47. Esta maravilla yo la trastroqué un poco. Había tres grandes grupos, humanamente hablando. Estaba el grupo de la Mandrágora, comandado por Braulio Arenas, Teófilo Cid y Enrique Gómez Correa; había otro grupo de poetas nihilistas totales, y había otro grupo de estúpidos que no sabían la jota por lo redonda. Entonces, yo me metí en el grupo Mandrágora"*.

En 1949 publica su primer libro titulado *Razón de mi ser*, poemario que fue impreso por el editor Ramos Morales, a instancias de sus amigos poetas.

Domingo Morales Ramos fue un visionario editor e impresor, un verdadero mecenas de los poetas jóvenes de entonces. Sus ediciones cuidadosamente impresas en papel pluma, cosidas a mano, iluminadas de bellos caracteres cumplieron el sueño poético de casi una generación de escritores.

Razón de mi ser fue un libro bien acogido por la crítica literaria, especialmente por el prestigioso crítico Hernán Díaz Arrieta (Alone)[12] quien en una crónica literaria bajo el título de "Siete poetas" y publicada en el diario *El Mercurio* de Santiago en enero de 1950, la elogia y la compara con Vicente Huidobro sosteniendo: "Razón de mi Ser. *Nombre significativo y hasta explicativo. Stella Díaz Varín necesita participarnos la razón de su existencia y encontrarla. La primera poesía dedicada a su madre, empieza en tono mayor, lánzase a la cúspide. "De la mujer que amaba las palomas en éxtasis de virgen y amamantaba lirios por la noche con su pezón dormido; de la mujer que supo antes que Dios del clavo y del silicio". Antes que Dios… Desde que los poetas abandonaron la lógica ya no se les puede pedir ninguna cuenta. Es preciso aceptarlos, cerrando los ojos, procurando dejarse llevar por sus sueños y ser una partícula dentro del torbellino. …Alcanzamos a divisar la silueta de Huidobro, sin ironía, con algo más, con algo menos. Se trata, no cabe duda, de un temperamento fuerte".*

También fue respaldada por el escritor José Donoso, *"a quien le debo el más grande elogio"*, dijo Stella a propósito de un artículo laudatorio que el escritor publicó sobre sus poemas en la revista *Ercilla*, en 1950.

Sin embargo, el crítico español refugiado en Chile, Eleazar Huerta[13], escribió en *Las Últimas Noticias* que había que tener cautela con una incipiente escritora y no sobredimensionar esta primera entrega poética. De hecho, recordando este episodio sostiene que Teófilo Cid salió en su defensa y señalando que: *"Me defendió por los diarios cuando Eleazar Huerta, un crítico que bien ponderó mis poemas, pero me descalificó por ser tan joven. Alone y todos los demás me habían celebrado a rajatablas, entonces Huerta metió baza en contra alegando que había que tener cuidado con consagrar a alguien así como así. Ahí Teófilo le contestó a Huerta y escribió que no había nada que estar esperando, que había que tener más respeto con la poesía y que yo era una poeta hecha y derecha".*

Respecto al talentoso poeta Teófilo Cid, Stella confiesa que *"tenía unos ojos grandes y salidos y te miraba con esos ojos horribles de soslayo. Parecía un poeta francés a punto de ser ahorcado, ahí está en las fotos que tengo junto con Braulio Arenas, con Cáceres, con todo el grupo Mandrágora".*

A los pocos años de llegada a Santiago se integra a la Alianza de Intelectuales de Chile -dirigida por Pablo Neruda- y a los círculos culturales de la época, por sobre todo a la mítica bohemia de "El Bosco"[14] y el "Café Iris"[15], donde cultivó amistad con destacados escritores, tales como Ricardo Latcham[16], Mariano Latorre[17], Luis Oyarzún[18], Nicanor Parra, José Donoso, Alejandro Jodorowsky, Enrique Lihn y Jorge Teillier, entre muchos otros. En ese período comenzó a colaborar en algunos diarios nacionales como *El Siglo*[19], *Extra*[20], *La Opinión*[21] y *La Hora*[22]; al mismo tiempo que participa en las diversas actividades convocadas por la Sociedad de Escritores de Chile. En *La Opinión* conoce a Vicente Huidobro, en *El Extra* reportea crímenes en los barrios marginales y en *La Hora* publicaba sus escritos. De este último diario fue despedida por escribir un artículo relacionado con la tala de árboles en La Alameda, ordenada por el alcalde de ese entonces. La falta de trabajo, su vida literaria y el cierre de los diarios donde escribía le impiden continuar sus estudios.

Conoce de manera cercana a Alejandro Jodorowsky, con quien vive una intensa relación amorosa y de amistad. Fueron confidentes y compañeros en la tropa de pantomima Teatro Mímico, fundado a fines de los años 40 junto al poeta Enrique Lihn. De aquellos tiempos Stella afirma: "Él me metió *en esto, pero yo bailaba desde chica. Y en puntas. Además de niña fui muy buena nadadora, me tiraba por debajo de la ola grande. Cabalgué desde los cuatro años y cuando se acabaron los caballos y llegué a Santiago me puse a bailar y a hacer mimos con Jodorowsky, donde de verdad, éramos unas verdaderas plasticinas".*

Y prosigue en su relato: "Para mí, Jodorowsky es un juglar. Es uno de los seres más carismáticos que yo he conocido y me pasaron las cosas más lindas del mundo cuando andaba con él. Sus padres no lo querían porque eran tenderos, comerciantes, y Alejandro para ellos era un verdadero vago, un pobre y triste cretino. Un día Alejandro me pasó a buscar al diario La Opinión *y me dijo: -Mira lo que hice-. Y se había hecho pedazo los bolsillos de los pantalones para que yo metiera la mano mientras nos íbamos caminando por la Alameda hasta mi pensión.*

Otra vez llegó y me dijo: -Oye, mis papás salieron de Santiago. -¿Ah, sí?, dije yo-. Y él, -Si tú quieres vamos para allá, para la casa de mis papás-. Y partí con él a su casa en calle Matucana. Yo iba aterrada a perder la virginidad, porque estaba bien enamorada o no sé si enamorada, pero engrupida. Era muy lindo Jodorowsky, todavía no tenía esa cara de gallinazo ridícula que tiene ahora, era un niño, un chiquillo. Entonces íbamos de la mano hasta que llegamos a la casa de sus padres y me dice: -Vamos a subir-. Y subimos una escalera con todos los muros siniestros pintados de verde musgo. -Ven- me dijo. Aquí se acaba la virginidad en aras del amor, pensé yo. Y Alejandro me va llevando y me muestra la casa: -Mira, aquí duermen mi mamá con mi papá y no van a volver hasta tres días más-. Eran unas camas bombé horribles con unos cubrecamas verdes, porque todo era verde y concho de vino y yo estaba más asustada que un quique, pero completamente decidida. Entonces le dije: -¿Y dónde duermes tú?- y en vez de entrar a su pieza sigue de largo y me lleva a la cocina donde había un refrigerador enorme. Abre el refrigerador y me dice: -Mira-. ¡Oh!, dije yo, ¡está lleno de cosas! -Lleno de cosas, sí, agarra-, dijo. Entonces yo agarré una bandeja con unos pastelillos increíbles. Se cierra el refrigerador y nosotros quedamos sentados en la cocina comiendo como locos almendrucos y quinientos mil dulces judíos que la señora había dejado preparados para toda la semana. La situación me parecía bastante ridícula, pero al mismo tiempo salí muy alivianada, porque no pasó nada".

Durante esa misma época vive un romance con Nicanor Parra. Se afirma que es la mismísima Stella la que le inspira el conocido poema *La víbora*.

Tiempo después y en el transcurso de una cita donde según sus palabras fue "acorralada" y violada, queda desafortunadamente embarazada y su vida adquiere un vuelco absoluto. Respecto del hechor o padre biológico de su hijo, Stella nos dice: *"Además te voy a decir que fue una canallada porque yo era una cría y el tipo en cuestión era mucho mayor que yo y me hizo una invitación a un departamento donde me dijo que iban a estar Sancho, Perico y Diego y no había nadie..."*

Cuando se le pregunta en detalle acerca de aquella literalmente embarazosa situación, Stella continúa: *"En el fondo me forzó porque yo no quería y él, claro, me gustaba, pero así no más y el tipo empieza a acorralarme y me jodió y fue una mala suerte increíble porque yo era virgen y de una sola vez quedé embarazada".*

Meses después, se casa en 1950 con el arquitecto

Luis Viveros Jacques, fundamentalmente para proteger a Rodrigo, el niño recién nacido y a ella misma. En relación a este embarazo y posterior nacimiento de su hijo nos dice que estaba *"sola como un perro, vino mi mamá y yo le dije que mi novio estaba en el extranjero y que me iba a casar cuando volviera, entonces un año después apareció Viveros y se casó conmigo. Le dije a mi mamá, bueno, este es el padre del niño"*.

En 1953 publica *Sinfonía del hombre fósil*, (Ediciones Salamandra, Santiago). Poemario auto editado e ilustrado por Viveros. Un libro de pocos y magníficos poemas. La estudiosa en su obra, la escritora y periodista Rosa Alcayaga Toro, en su tesis de Magíster, acertadamente afirma que en este poemario con características antropológicas: "La poeta construye imágenes como cascadas, evidencia un pródigo vocabulario que en insólitas vertebraciones remite, generalmente, a los orígenes del ser humano. La poeta emerge como una fuerte personalidad creadora, una hablante mujer que busca situarse, en unos casos, junto a los dioses y, en otros, como recriminadora, ella puede erigirse como oráculo o bien como una goliarda, creatividad poética que, expresada en un plano de la imaginación religiosa, re-crea la materia mitológica tradicional, -y tal como sostiene el filósofo rumano Mircea Eliade- el mito estaría ayudando al hombre a superar sus propios límites y condicionamientos".

Su voz es nítida y su particular búsqueda es esencial para desmarcarse de las influencias literarias de su generación. En este poemario se advierten reminiscencias bíblicas, que no son otras que su propia creatividad profética buscando su espacio creativo en medio de una fuerte influencia de lecturas religiosas durante su vida y manifestada ahora en su poesía, un sonoro eco hispano católico en su lenguaje.

En la acertada opinión de Rosa Alcayaga, quien con gran dedicación al estudio de su obra y con objetiva exactitud nos señala que: "En la obra de Stella Díaz Varín emerge una constante traducida en el uso reiterado de vocablos, conceptos e imágenes bíblicas y mitológicas de la iconografía cristiana como también ocurre, entre otros, en los poetas vanguardistas Vicente Huidobro y César Vallejo. Rondan los restos de las religiones institucionalizadas en la mente de los creadores que, como vocablos aislados, desde perspectivas distintas, mantienen aún una presencia poderosa en la poética moderna iberoamericana. Los poetas desde el romanticismo hasta las vanguardias han intentado crear, cada uno a su modo, su propia mitología -según Octavio Paz-, a partir de los restos de las religiones oficiales, mitologías, obsesiones personales, conformando sus propias estructuras de símbolos y mitos, de tal forma que la poesía moderna aparece como una nueva mitología en su obsesión por constituirse en un sustituto de las religiones tradicionales, intentando imponerse un quehacer secular salvador que destina de antemano al artista al fracaso, como señala la Gutiérrez Girardot".

De hecho y reafirmando esta opinión, Stella Díaz nos dice que ella creía ciegamente en el Hombre y en la Virgen de Lourdes: "*Yo creía y todavía creo que el hombre es salvado por el hombre, ésa es una cuestión que se me dio a mí cuando yo era chica, yo dije Dios no existe, por lo tanto el hombre salva al hombre. Que yo gritara esto en las iglesias de mi pueblo produjo ciertos inconvenientes. Pero yo creía en la Virgen de Lourdes*".

"Sinfonía del hombre fósil" es un extenso poema
que da título a la obra y que inicia el canto con los siguientes versos:

Desde un mundo de carbón vegetal, me levanto,
como empujada ola, compañero.
Me vibran las acústicas marinas
y enhebro el silencio de la greda,
y escupo a la muerte por encima del hombro.

Pero nada es igual dentro del agua
sino el agua y el pez dentro del agua.

Si a cada día, si a cada espacio vengo,
por la noche mis manos enloquecen,
y el vértigo fustiga la horadada simiente.
No sólo el ritmo es propensión al canto,
pues entonces la muerte
no podría tener un significado de vocales.

El paso se acostumbra al silencio
como el agua a los muelles,
y voy cantando risas a olvidadas aceras
con detalles ambicionados por la nieve...

STELLA TROTSKISTA, SUS PASOS EN LA POLÍTICA.

La relación con Luis Viveros duró algunos años y fue su único matrimonio. Stella se separa y se acerca a una de las grandes pasiones de su vida, como fueron sus ideales libertarios y la política contingente. Cuando explica las razones de su ruptura matrimonial afirma: *"Cuando me di cuenta que todo era mentira se me acabó la rima, se me acabó la ciencia, se me acabó todo. Me dio una rabia tan grande porque yo en ese momento era inocente, te lo juro, intemperie en despoblado. Sí, no me lo creí porque me sentía ¡tan segura! que me descompone. Y hay asco, eso es peor que estar hedionda. Yo creía".*

Trata por todos los medios de ingresar al partido comunista, pero es sistemáticamente rechazada, sin duda por su carácter rupturista y contestatario. Cuando se le pregunta por qué quería ingresar al Partido Comunista, Stella responde en una entrevista, casi al final de su vida, que la única razón que la motivó fue *"porque quería trabajar por el pueblo. Eran los tiempos heroicos y yo estaba en contra de la burguesía. Y sigo chillando contra la oligarquía y contra la burguesía y contra la imbecilidad hasta el día de hoy. En ese tiempo no había Juventudes Comunistas, entonces yo era aspirante al Partido. Yo verdaderamente creía en una revolución. Las grandes utopías estaban dentro de mí y siguen estando porque mientras el hombre sueñe va a ser utópico y yo le tengo mucho respeto a ese sueño y voy a seguir soñando".*

Cuando se le insiste por las razones de sus afanes políticos partidistas, en una joven poetisa liberal responde: "*No entré a la política, sino que la política siempre estuvo en mí. Porque da la casualidad que yo era una persona completamente desclasada, porque no pertenecía al pueblo ni tampoco a la sociedad burguesa, porque mi familia se había ido de más a menos. Yo dejé todo de lado por meterme de lleno a la política contingente, a la acción, yo no era de medias tintas ni lo he sido jamás. Para nosotros el Partido Comunista era lo fundamental hasta que un día me puse a leer una revista que llegó de Francia y me di cuenta que Stalin era un hijo de puta. Y yo se lo dije a medio mundo, que Stalin era un Hitler cualquiera. Entonces conocí gente de otros grupos, entre ellos a un carpintero ebanista que mientras trabajaba en sus muebles me dijo: -¡León Trotsky era el hombre que estaba destinado a la revolución bolchevique y no Stalin que mató a Lenin a pura pimienta, compañera!-. Entonces, empecé a leer a Trotsky*".

Después de un período de reflexión y escritura de su obra poética, Stella Díaz radicaliza su posición política y opta por hacerse trotskista. De ello en esas mismas conversaciones que sostuvo con Claudia Donoso nos dice:

"*Fui trotska total del POR, Partido Obrero Revolucionario, y sacábamos una revista que se llamaba "Nuestra Tribuna". Odiados por el Partido Comunista. Perseguidos por el Partido Comunista por mencheviques y revisionistas.*

¿Y por qué crees que no calcé con el Partido Comunista? Porque yo ya estaba orillando en esta cosa crítica, esta típica cosa intelectual, en el verdadero sentido de la palabra crítica. Y todos agarrados ¿me entiendes tú?, de esta idea genial que es la que preconizaba Trotsky de la revolución permanente, que se oponía en ese tiempo a todas estas estupideces de populachismo ridículo del Partido Comunista.

Porque las cúpulas comunistas eran unos tipos de un sectarismo tan horroroso, tan espantoso, que perdieron a mucha gente, a Juan de Luigi[23] por ejemplo, que era uno de los hombres más inteligentes que yo he conocido en mi vida. Íntimo amigo de Pablo de Rokha, eran uña y carne los dos. Iban juntos a mi casa arriba en Las Condes. Fui amiga de Juan de Luigi hasta el día que se murió. A Juan de Luigi lo echaron del PC por culto, por crítico, porque no soportaba la línea moscovita que no podías romper. No se aceptaban las fisuras. La cosa es que el grupo trotsko que había acá tenía mucha conexión con Francia y venía gente de allá, del Partido Trotskista Francés, que era muy fuerte. Y en Argentina había un grupo extraordinario de grandes oradores, gente pero de primera agua. Se te caía la baba al oír hablar a estos gallos. Además cuestiones completamente contundentes y además completamente reales. Porque no era utópico el asunto, era de un pragmatismo político extraordinario. Entonces esas reuniones eran verdaderas clases de educación política, económica y social. La cúpula del PC tenía mucho miedo porque la gente joven se permeaba fácilmente con nosotros porque andábamos con la palabra inspirada mientras el Partido era una cuestión uniforme. Peores que milicos, burócratas que no saben qué hacer con la libertad porque no están preparados para ser libres".

Abandona en gran medida la poesía y se concentra en sus actividades políticas revolucionarias, condenando al sistema y en particular al partido comunista chileno, por su forma organizacional y su obediencia directa a Moscú, cuando para ella la realidad latinoamericana, y en especial la de Chile, demandaba otra visión política y por ende otra actitud.

Lee con fruición a la revolucionaria y teórica marxista polaca, Rosa Luxemburgo, apodada "la rosa roja", quien fue una de las grandes revolucionarias del siglo XX y una de las fundadoras de la corriente de pensamiento del socialismo democrático.

Cierra filas y se identifica plenamente con el POR y de aquel período juvenil recuerda con entusiasmo algunas anécdotas:

"¡A toda esa maravilla trotskista y a la tropa de anarquistas que venía de España! Por ejemplo, Vivar, que era un maestro carpintero ebanista y ¡caramba!, con él aprendí cualquier cantidad de cosas. Vivar. ¡Vivar vivía!, vivía en un sucucho espantoso por Matucana, entonces cuando uno llegaba allá muy solemnemente te ofrecía: ¿Quiere un plato de lentejas? Porque te trataba de usted. Y uno al ver la mugre del habitáculo ése, porque ahí uno podía toparse perfectamente con una cola de ratón o un huevo de algo por nacer, se moría de asco. Y resulta que Vivar de repente te servía un plato de lentejas frías en un plato blanco festonado de oro espolvoreado con queso parmesano recién rallado y aceite de oliva, y tú te comías eso y era una exquisitez._

Absorta en el pasado entre tantos recuerdos aun permanece en su memoria y con absoluta nitidez la figura de uno de los escasos integrantes que supuestamente pertenecían a la clase obrera en el Partido Obrero Revolucionario: "Martín Zárate era el único obrero que tenía el Partido Obrero Revolucionario y por eso lo cuidaban como hueso santo, porque el POR no era de obreros sino que estaba integrado por una tropa de intelectuales, filósofos hegelianos y feuerbachianos totales. Entonces cuando llegó Martín Zárate nos pareció que nos caía del cielo porque era experto en colocar baldosas, es decir un obrero que hablaba con mucho orgullo de su oficio de baldosista, que en realidad era una chapa, su cortina de humo, porque Zárate sabía más que todos nosotros y en realidad era un agitador y un verdadero cientista político".

Cuando Stella sentencia y con firmeza absoluta explica su posición ideológica y a quienes el POR pretendía llegar, afirma en una muy genuina y contradictoria opinión:

"A la gente de las universidades porque nosotros mirábamos muy en menos al sujeto que no era culto y partíamos de la base de que el hombre culto sirve mientras que el inculto -o sea la masa- obedece. Por lo tanto, los que mandaran tenían que ser ilustrados y eran importantes, pero resulta que de repente éramos todos líderes en el POR y nos faltaba a quién dirigirnos. Así es que empezamos a ampliar el rango. Teófilo Cid se moría de la risa y me decía: "Usted está enamorada de una utopía. Todos son teóricos que hablan de revolución, pero son incapaces de hacer ninguna cosa".

Siempre presente la figura del poeta Teófilo Cid, con quien mantuvo una especial relación y muchísimos testimonios e historias de largo contar.

El objetivo de estas largas reuniones políticas en la casa campestre de uno de sus militantes en las afueras de Santiago tenía por objeto compartir y, fundamentalmente, según Stella: *"Formar cuadros", ¡formar cuadros! Educar a la gente. La educación política por sobre todas las cosas, eso era lo primordial. Menos mal que lo viví, oye, menos mal. Y leíamos los discursos de la Rosa Luxemburgo, que era el emblema de los trotskistas y que según Raúl Santander era la mujer más inteligente que había parido la creación y parece que es cierto porque se carteaba con Leibniz".*

Cuando se le pregunta ¿Y este grupo hasta cuándo duró? ¿En qué se convirtió? Ella responde: *"Se pusieron viejos. Llegó gente nueva que no era lo mismo. Esto duró hasta el año 70. Y muchos de nosotros ingresamos al Partido Socialista".*

¿Andaban en pos del hombre nuevo?

"Claro, entonces lo terrible era eso. El sapiens-sapiens para nosotros era un pobre diablo en espera del hombre excelente, del homo ludens. Y estos gallos nos miraban como a leprosos. Entonces, cuando yo ingresé al Partido Socialista estaba Alfredo Molina Lavín de secretario general. El año 52 se dividió el partido. Ampuero[24] quedó a la cabeza del Partido Socialista Popular y se le sumó Aniceto Rodríguez[25] que era un hombre muy culto al que yo le tenía mucho cariño. Me dio mucha pena que se alineara con Ampuero, que también era un cerebrazo. Era en los métodos en lo que estábamos completamente en desacuerdo, pero las ideas eran las mismas. Era la manera de aplicarlas lo que producía las controversias. Y Allende se quedó con el Partido Socialista de Chile y yo me quedé con Allende".

Tiempo, medida imaginaria

En 1959 publica su tercer libro bajo el sugestivo título: *Tiempo, medida imaginaria*, editado por el Grupo Fuego de Poesía, en Santiago. El poemario se inicia con un epígrafe extraído de *Así habló Zaratustra* de F. Nietsche, y posee un prólogo escrito en prosa poética por la propia autora y que en su primera parte nos dice:

"La luz es cosmopolita, dijo mi proveedor. Y vertió su vino sobre mi falda azul. Pero era tarde, como suele ser cada vez que alguien trata de comprobar su pensamiento. Así fue como mi falda quedó azul, de un tono mayor apagado".

Hay en esta obra todo el esplendor de sus días en Santiago. En estos poemas se puede apreciar su propia y recreada biografía como ocurre en los poemas *"La Casa"*, *"Cuando la recién desposada"* o *"Cuando bajo el mar hacia la tierra"*, y donde de paso, queda de manifiesto la influencia recibida por parte de los movimientos literarios surrealistas en su poesía, como se aprecia en este poema titulado

Breve historia de mi vida

Comando soldados.
Y les he dicho acerca del peligro
de esconder las armas
bajo las ojeras.
Ellos no están de acuerdo.
Y como están todo el tiempo discutiendo
siempre traen perdida la batalla.

Uno ya no puede valerse de nadie.
Yo no puedo estar en todo;
para eso pago cada gota de sangre
que se derrama en el infierno.
En el invierno, debo dedicarme
a oxidar uno que otro sepulcro.
Y en primavera, construyo diques
destinados a los naufragios.

Así es, en fin...
Las cuatros estaciones del año
no me contemplan, sino trabajando

Enhebro agujas
para que las viudas jóvenes
cierren los ojos de sus maridos,
y desperdicio minutos, atisbando
a la entrada de una flor de espliego
a una simple abeja,
para separarla en dos,
y verla desplazarse:
La cabeza hacia el sur
y el abdomen hacia la cordillera.

Así es
como el día de Pascua de Resurrección
me encuentra fatigada,
y sin la sonrisa habitual
que nos hace tan humanos
al decir de la gente.

El libro está constituido por ocho poemas de mediana extensión y un epílogo escrito (al igual que el prólogo) en una prosa poética bastante esclarecedora, donde nos da señales acerca de su evolución creativa y humana:

Tiempo soberano, eterno y fecundo, como las mieles que saboreo -recuerdo ingrato y dulce- dueño Tiempo, que anuncias la soledad, como ciertas aves la lluvia; monzón, donde clava la espuma su regusto sudoroso de ahogados y vencidos.

Stella se halla en la plenitud de su vida y de su obra. La bohemia y sus relaciones con los más diversos artistas del mundo de la cultura se transforman en hábitos conversacionales cotidianos que contenían un necesario e importante intercambio de ideas, lecturas e influencias literarias vanguardistas transoceánicas. Todos los atardeceres se reunían los más heterogéneos artistas -pintores, narradores y poetas- a compartir y a leerse fragmentos de sus obras en desarrollo, generalmente bajo el fraterno alero del Bar Il Bosco y el Café Iris hasta entrada la madrugada. Al respecto recuerda: *"Claro, si la noche era nuestra. Me iban a buscar al diario y de ahí nos íbamos caminando por las calles, hablando del oro y el moro, de que Chile tenía que terminar siendo una república popular y estábamos pendientes de Sartre, de Jean Louis Barrault*[26]*, y había un clima de belleza, de creatividad increíble. Íbamos al Venecia, al Hércules, a La Antomaña, a los boliches de la calle Banderas y todos éramos amigos de las prostitutas, de las vedettes que recién empezaban a ponerse calzones bikini porque todavía no se usaban las tangas. Nos juntábamos con la gente vieja y con la gente joven".*

Días intensos, de arte y supervivencia, de amores

y desamores, de nuevas obras y anécdotas: *"Yo andaba con una capa, con una pipa y con boina. Y también tenía un traje de dos piezas Príncipe de Gales. Neruda me regaló tres boinas: una verde, una color tabaco y una azul y me pintaba así como Cleopatra, con la boca bien pálida. Éramos poetas, éramos artesanos, éramos pintores, éramos mimos, éramos bailarines y éramos seres que creíamos en cosas sempiternas aunque eso suene del año de la pera".*

Traba amistad con Pablo de Rokha y Winett, su esposa, por quienes siente profunda admiración y cercanía. De la propia Winett hace un panegírico y nos dice que su verdadero nombre es *"Luisa Anabalón Sanderson porque él le puso Winett ¡Qué mujer más dulce y distinguida! Era de otro pelo que de Rokha y también escribía mejor que él. Tiene un cuentito sobre un zapatero que me deslumbró cuando lo leí, un zapatero remendón que tenía una mujer que es la que va contando el cuento y que describe ese ambiente miserable con la cola hirviendo y a este hosco zapatero cosiendo medias suelas con su lezna".*

Sin duda producto de estas nuevas relaciones literarias se alinea en las trincheras del nuevo bando poético rokhiano durante la denominada guerrilla literaria de aquellos años y que no era otra cosa que un culto a la egolatría como también una profunda animadversión entre tres notables poetas contemporáneos: Pablo de Rokha, Pablo Neruda y Vicente Huidobro. Del aprecio que alguna vez sintió por Neruda, años después se confiesa y nos dice con su habitual tono contestatario y sin desparpajo alguno: *"A Neruda yo lo conocí, lo palpé de cerca y era un mentiroso, era un carajo y era un tipo decadente de nacimiento. En cambio Pablo de Rokha era Pablo de Rokha: anarco total, manipulador y salteador de caminos, pero siempre era el mis-*

mo. Lo conocí mucho más que a Neruda, al que veía de vez en cuando. A de Rokha lo tuve en mi casa viviendo, fue comensal de todos los días durante años y fui amiga de la Winett, su mujer, y de sus hijos. En realidad la vida para de Rokha era un escenario donde él era el primer actor y todos los demás eran actores secundarios".

También conoce y se relaciona con los escritores Jerónimo Lagos Lisboa[27], Juvencio Valle[28] y Jorge González Bastías[29], autor de *Las Tierras Pobres*, destacado poeta de la región del Maule.

Años después Stella reconocerá el valor que tuvo en ella y en su obra el continuo trato con artistas chilenos de alto nivel, en los que halló buen ejemplo a seguir y empatía, sosteniendo con viva convicción que: *"A mí me salvó toda esta compañía extraordinaria que fue la gente de mi generación y de escritores* más viejos como Pancho Coloane[30], *Tomás Lago*[31], *Neruda mismo, Pablo de Rokha, todos estos taitas geniales y mayores que nosotros. Pero no creas que con ellos fuéramos dóciles; estábamos siempre enmendándoles la plana".*

Comienza a consolidar un carácter indómito. Vive solitaria en su departamento de calle Los Jazmines, heredado de su único matrimonio, en la Villa Olímpica, Ñuñoa, Santiago. Trabaja arduamente como reportera y columnista en distintos medios de comunicación escrita. Cuida de su hijo único, Rodrigo. Asiste asiduamente a las reuniones en la Sociedad de Escritores de Chile. Bebe vino, fundamentalmente vino blanco y nos dice con la especial sonoridad de su voz: *"Mi triunfo es ser tal cual soy y eso sí que es irrebatible, pero tampoco estoy interesada en que trascienda porque no soy una vedette, no busco publicidad".*

Stella siempre tuvo presente como predecesoras

a dos talentosas escritoras chilenas, por las que guarda respeto y admiración, como lo fueron María Luisa Bombal[32] y María Carolina Geel[33], que tuvieron vidas bastante trágicas, en medio del desarrollo de sus talentosas obras. De ellas nos cuenta que *"eran mujeres que se saltaron todos los cánones y las dos se parecen bastante en la vida personal. Yo me agarro a combos, pero lo de ellas eran disparos para allá y disparos para acá, con muertos y heridos. María Carolina Geel era una mujer talentosa, estudiosa, un lujo. Pero eran mujeres muy solas, escribían en la soledad más espantosa y eran dramáticas y eran histéricas y fracasadas en los amores".*

Se afirma que en 1960, a través de Nicanor Parra, conoce al poeta beat estadounidense Allen Ginsberg, con quien entabla una amistad durante la estadía de éste en Chile, hospedándolo en su casa, aún bajo la férrea oposición de su esposo. También se sostiene que tardíamente, ocho años después, Ginsberg le envió por correspondencia un poema de agradecimiento que decía:

Thank you...! Viva la mariguana! ¡Viva Príapo! / Por favor amo / Por favor amo puedo tocar su mejilla / Por favor amo puedo arrodillarme a sus pies / Por favor amo puedo aflojar sus pantalones azules / Por favor amo puedo mirar su vientre de vello dorado / Por favor amo puedo bajar suavemente sus calzoncillos / Por favor amo puedo tener sus muslos desnudos frente a mis ojos / Por favor amo puedo sacarme la ropa bajo su silla / Por favor amo puedo besar sus tobillos y su alma..."

Son años de plenitud física, sicológica y literaria. En el horizonte se aprecian nuevos tiempos de actividad política. La revolución cubana la estimula poderosamente, sus principios libertarios se ensanchan y comienza en ella la búsqueda del hombre nuevo, que ya cual palabra escondida en su poesía iniciará una nueva búsqueda. Stella comienza a reconsiderar su posición ideológica frente al medio político y cultural, sus utopías sufren algunas fisuras y la experiencia acumulada en sus años de bohemia la llevan a declarar a modo de emancipación a gritos un profundo desencanto con varios de sus pares y especialmente con el mundo político de esos días:

"Me desencanté por una especie de búsqueda de la perfección y vi que las cosas no eran perfectas ni tan prístinas. Me desencanté de la política, de la moralina, me fui dando cuenta de que los escritores tenían camarillas y que estaban protegidos por ciertas dirigencias políticas, entonces tú quedabas ahí al margen de los congresos, de artículos de prensa y hubo una época muy dura para la gente que no estaba adscrita al Partido Comunista. Yo estaba dispuesta a aceptar órdenes porque mis ideas eran las mismas, pero libertarias y no comulgaba con ruedas de carreta. Eso me significó estar al margen mucho tiempo de la actividad literaria, de la participación directa; por ejemplo, del Congreso de Concepción al que vinieron grandes figuras latinoamericanas. Después entré al partido socialista y me sentí muy bien ahí porque había una posibilidad mucho más amplia para actuar, para opinar. No soporté la burocracia del PC como no soporto la burocracia en general, la traba, el impedimento".

Este tercer libro suyo publicado *Tiempo, medida imaginaria*, será el último título en publicar después de un extenso período santiaguino de bohemia y activa militancia literaria. Vendrá un largo silencio creativo y editorial, hasta reaparecer casi treinta años después, en 1986, como ganadora del prestigioso concurso literario "Premio Pedro de Oña", que organiza la Ilustre Municipalidad de Ñuñoa, con el extenso poema "Los dones previsibles" el cual será publicado bajo el mismo título seis años después por la editorial Cuarto Propio junto a otra serie de poemas inéditos de la autora, en 1992, con el cual obtuvo al año siguiente el premio del Consejo Nacional del Libro 1993, como mejor libro publicado.

Hay un poema en *Tiempo, medida imaginaria*, titulado "La casa" que a modo de vaticinio refleja bien los tiempos que vendrían:

> *Entonces escribiré mi biografía*
> *al uso de los poetas indecisos.*
> *Miraré a través de una llama de cobalto*
> *y distinguiré objetos olvidados;*
> *como cuando dormía adosada a la pared*
> *y todo parecía bello sin serlo.*

Nuevos tiempos

Durante la década del 60 Stella Díaz aun permanece viviendo en su departamento de la Villa Olímpica, dedicada a la crianza de su hijo y a escribir durante largas jornadas cuentos y columnas periodísticas con el fin de sobrevivir, contratada -a modo de entregas- por distintos periódicos de la época. *"Yo estaba feliz, era una mujer que trabajaba en el diario* La Tercera, *trabajaba como animal, escribía toda la noche en una máquina chica, una Royal, y publicaba mis cosas".*

Stella en gran medida se recluye en su íntima razón de ser, permanentemente está leyendo a grandes autores, entre otros a los poetas simbolistas y a la vanguardia francesa, a Pierre Reverdy, también a Rilke, a Nietzsche, entre otros autores que fueron de su predilección.

Por necesidad ineludible, comienza a practicar paralelamente otro talento que siempre estuvo en ella, que es el de las artes culinarias y sus secretos. Sabidas son sus dotes en la cocina, donde hasta con lo más simple hacía un delicioso plato, festejando los días con un inmenso amor y vino blanco, su gran amor e inclinación. Sería interesante agregar aquí sus confidencias al respecto y sus recetas, casi todas de comida típicamente chilena. Una de ellas es la receta de riñones al vino tinto, la que a modo de ilustración reproduzco más abajo y donde nos muestra a una Stella con pleno dominio en sus procederes culinarios y en el particular manejo narrativo al respecto:

"Los riñones de vacuno los enjuagas y le sacas todo lo que sea blanco, las membranas, y después los lavas bien debajo de la llave y los dejas en una palangana con sal y unas gotas de vinagre tapaditos de agua.

Los preparas temprano y como tú no te acuestas a las nueve de la noche, tipo doce le botas el agua y se la cambias por agua fresca y pura y los dejas esta vez con sal y sin vinagre.

Al día siguiente los corto, sello y doro en cuadros. Después le echas la cebolla picada que es la que le da el jugo y le echas un poquito de sal. La medida es a criterio, ni poco ni mucho, porque aquí no vamos a estar dando dosis. Esto es para gente que le gusta cocinar.

Entonces sofríes los riñones y les colocas una ramita de laurel, ese es el toque importante. Ni orégano ni tomillo: laurel, una hojita y después la sacas porque tú sabes que el laurel no se puede dejar porque precipita un químico terrible, venenoso. La gente tiene la mala costumbre de dejar el laurel, pero no: tú usas el laurel, terminas de cocinar el plato y adiós laurel. Bueno, y dejas los riñones ahí tapados y los cocinas a fuego lento y tú por último con un palito los revuelves de vez en cuando.

Al último, cuando están prácticamente cocinados le echas un vaso de vino tinto. Ah, y falta lo mejor, esto corre para los higaditos también. En una sartén chica tú pones una cucharada de harina cruda sin polvos de hornear y la vas moviendo hasta que quede rubia, semidorada, no tostada, entonces le agregas el vino hasta formar un especie de ulpo y ¡a los riñones mierda! revolviendo suavemente con cuchara de palo. Dos hervores más y listo. ¡Le da sabor y consistencia!"

Queda claro como en términos humanos la actitud poética irrumpe en la cocina y se toma los ingredientes con palabras de gran enjundia. A pesar de la adversidad económica, Stella resuelve y utiliza la cultura como arma de sobrevivencia, comprando lo módicamente necesario y engalanando la mesa con flores y variados platos que satisfacen sus días de estrechez.

Respecto a como lentamente se fue aislando del ámbito cultural y político recuerda que un comienzo *"Fui aspirante al partido comunista, pero me prohibieron entrar por indisciplinada y por decir exactamente lo que pensaba. En sumas, no me dieron la pasada ¿y sabes por qué? por revolucionaria, y empezaron a decir que yo era amante de González Videla y que era espía en circunstancias de que yo hubiera sido capaz de matarlo. Pero me di cuenta de que el PC era convencional, de una burocracia espantosa y quedé huacha, lo que fue muy triste porque me tildaron de revisionista, de trotskista, como a todos los que tenían una actitud crítica. Lo que pasó con Lihn, con Jorge Palacios* [34]*, con Cassigoli* [35]*"*.

Stella, la colorina, la francotiradora, la dionisíaca, aquella hermosa valquiria de polémica personalidad va construyendo su propio camino literario y político señalándonos que *"Yo nunca creí en la poesía panfletaria, no me interesa. Un grafitti está bien y en un poema digo "Los muros ciudadanos donde escriben los aprendices de hombre", porque para mí un ser humano es más que un receptor de panfletos. En el gobierno de Alessandri ya la gente estaba escribiendo poesía panfletaria, ellos decían "poesía civil". Toda la poetancia chilena estaba imitando a Neruda, no hay nadie que se haya escapado"*.

En 1970 tras el triunfo de la Unidad Popular en las elecciones presidenciales, Stella, militante del Partido Socialista, trabaja arduamente a favor del gobierno de Salvador Allende. Recuerda las razones de su inclinación por el Partido Socialista: *"El PS me pareció lo mejor porque yo pensaba que aparte de la convicción había que adherir a un conglomerado político donde hubiera gente que pensara desde el punto de vista e idiosincrasia de este país y no recibiendo órdenes de Moscú"*.

Durante el primer año de gobierno de la UP trabaja en la Editorial Quimantú y posteriormente en la Dirección Nacional de Abastecimiento y Comercialización (DINAC) que estaba bajo el mando del general Alberto Bachelet, padre de la -dos veces- presidenta de Chile. Es activa dirigente del Frente de Masas del Regional Cordillera, cordón obrero formado por el ala izquierda del partido socialista durante la Unidad Popular y donde se editaba la llamada "prensa de los cordones". De aquellos revolucionarios años nos señala: "

En esos tiempos abandoné la vida literaria porque me metí de lleno en política y fui dirigente del Regional Cordillera y después para el Paro de Octubre ahí andaba yo, con bototos, casco y pistolón en las poblaciones, distribuyendo alimentos con los conscriptos, esos milicos jóvenes, patriotas, los trataban de compañeros y les daban tecito la gente de las poblaciones. Ahí en la maestranza San Eugenio teníamos las bodegas. Yo creo que durante ese tiempo nunca me comí un plato de comida caliente porque nos daban una manzana y un sandwich de mortadela y más encima duro el pan. Y junto con eso trabajaba en las oficinas centrales de la DINAC, donde había que ir de punta en blanco y el edificio primero estaba situado en la calle Moneda y después arriba del cine Toesca, que fue el lugar donde nos pilló el golpe. Era un trabajo de locos, toda la gente estaba haciendo cosas para levantar esto, para que no se nos viniera el sueño al suelo, mientras la realidad hacía agua por los cuatro costados".

EL GOLPE DE ESTADO

El golpe de estado de 1973 fue un violento episodio que puso fin a sus sueños de justicia y libertad, y fin a sus días de revolucionaria y de redactora de comunicados en la prensa del Regional Cordillera.

Comienza en ella un período de riesgo, furia y reivindicación. Semanas después del golpe, con una valentía y sorprendente capacidad de riesgo, vocifera en defensa del derrocado y fallecido presidente Salvador Allende y lo hace hacia la calle desde la ventana de su departamento en la Villa Olímpica exhibiendo desafiantemente fotografías del Che Guevara. Por supuesto, no pasaron muchos días cuando su vivienda es allanada y ella misma, detenida y torturada. Meses después será arrollada por un vehículo de la policía secreta que vigilaba su casa, atropello que no le causa la muerte, pero sí lesiones de gravedad cuya convalecencia duró casi un año. Durante este período post golpe participa con regularidad en las actividades que se realizan en la Sociedad de Escritores de Chile, como casi todos los escritores de la época.

Hubo un dolor en ella que fue superior a todo esto que nos narra: la desaparición de su querido hermano menor Gustavo, con el que vivió en la pensión de la calle Cumming durante sus primeros años en Santiago, detenido y desaparecido durante la instauración de la dictadura en 1973. El dolor de no hallarlo, de saberlo muerto, de mentir a su madre una y otra vez y hasta el día de su muerte acerca del paradero de Gustavo, le produjeron una inmensa e irreversible tristeza.

Reflexionando acerca de estos traumáticos hechos

que vivió el país en aquellos años, nos señala que fue *"la más grande tragedia que ha vivido el pueblo chileno durante toda su historia. No solamente por los muertos sino por los que quedaron. Este país se destruyó y ya no existe. Nosotros sabíamos y veíamos lo que se estaba urdiendo, todo lo que se estaba tramando y no puedes crear una revolución en un país que no tiene una educación política y ese fue el gran error de Allende. Lo envalentonaron, acuérdate cuando vino Fidel. -Mire compañero-, le dijo, -la revolución se hace haciendo la revolución-. Y este país no estaba preparado para eso. Yo no era una proletaria. Era una intelectual, una poeta, una persona ilustrada, entonces tratamos de hacer educación política. Y era un grupo extraordinario y tratábamos de "formar cuadros", acercarnos a los obreros y decirle a la gente, mire compañero, por aquí nos vamos a ir. Estábamos muy lejos de haber alcanzado el poder y lo que se estaba preparando era la masacre".*

Y a renglón seguido nos dice en relación a sus días de militancia e insurrección: *"La mirada que tú puedas tener ahora de lo que fue y la mirada que teníamos nosotros jóvenes en el ojo del huracán son muy distintas. Y otra cosa muy importante es que yo en un momento dado estimé que la poesía era secundaria, porque lo esencial era el compromiso político, siendo yo bastante estúpida porque sabía lo que venía".*

La caída de un sueño de cambios sociales y la decepción que le causa el derrumbe de sus aspiraciones y los horrorosos hechos de tortura, reclusión y asesinato sistemático de muchos de sus compañeros durante los represores días del gobierno militar van definitivamente marcando su sino y su ocaso.

Tardó en recuperarse del traumatismo encefalocraneano, de las quebraduras y contusiones múltiples que le produjo el atropellamiento. Sobrevivió desdentada, con secuelas que le afectaron de por vida. De aquel intento de homicidio planificado por la Dirección Nacional de Inteligencia (DINA) recuerda que *"me tiraron una camioneta encima, una camioneta que estuvo como quince días esperándome. Me tiraban papeles por debajo de la puerta: "Ya te va a tocar hija de puta, ya te va a tocar". Y yo encerrada en mi departamento mirando pasar las nubes, sin luz, sin comida, sin nada".*

Desde el inicio y durante todo este oscuro episodio en la vida de Stella Díaz Varín fue fundamental el irrestricto apoyo y la amistad de las escritoras y amigas Ester Matte Alessandri[36], quien personalmente intervino a su favor en las altas esferas del poder militar para que nada le ocurriera, y Teresa Hamel[37], su fiel amiga, quien durante muchísimos años de su vida le ayudó sistemáticamente en términos económicos.

Estos sucesos vividos y la realidad misma del país en manos dictatoriales le marcan profundamente: *"Me allanaron dieciocho veces, dieciocho veces. Me dejaron todo hecho pedazos. Yo creo que desde ahí, ya no quise saber más de ordenar ninguna huevada. Todo botado en la escalera, hasta el colchón que utilizaba para dormir".*

Cuando se le pregunta por los hechos acaecidos en la Villa Olímpica, agrega: *"¡Uuuuy! Esos incineradores funcionaron día y noche durante no sé cuantos días. Semanas. Todos los libros quemados, todos los discos. Y yo creí, yo creía en el hombre".*

Es contratada por el diario La Tercera, *"escribiendo a máquina toda la noche para poder entregar las carillas porque si no las entregabas a una hora precisa quedaba la escoba. Lo mío eran dos columnas y un cuento semanal. El que me dio pega fue Alberto Guerrero[38], el director, que no escribía nada, ningún editorial y que de repente llegaba y decía: -Voy a la Academia de Guerra-, cosas por el estilo".*

Estas serán sus últimas actividades como periodista ya que tiempo después fue despedida del diario según la poeta porque un día *"llegó la infeliz de la María Eugenia Oyarzún[39] a* La Tercera, *me vio y acto seguido le dijo a Alberto Guerrero: -Dale altiro una metralleta ¿o no te acuerdas cuando pasaba con los comandos?-. Ahí fue que me echaron y me quedé sin trabajo, se acabó el periodismo".*

La vida material continúa y Stella debe resolver como sobrevivir junto a su hijo que se halla en plena educación universitaria. Encuentra trabajo en el área de la publicidad, contratada por Alfredo Diez, publicista y locutor de radio Minería, para que se haga cargo de un club de consumidores de salsas de tomates que otorgaba carnets de socio y que ella misma dirigió y organizó. De ese tiempo de publicista queda el testimonio que en primera persona nos dice: *"Estaba noches enteras haciendo carnés y me sentía del MIR[40] porque yo exigí que fueran rojo con negro. Hasta que de repente Federico Willoughby[41] reclamó e hizo que me quitaran mi logo. Me dijo: "Oye, muy comando del Cordón Vicuña Mackenna serás, pero déjate de joder con tu logo".*

Vuelve al diario *La Tercera* llevando la publicidad comercial de la empresa de conservas Deyco, y como columnista, donde aparte de entregar un breve cuento semanal escribía una columna sobre las mujeres más célebres del mundo.

A pesar del tiempo transcurrido permanece en su memoria un nítido recuerdo acerca de la última vez que vio a Pablo Neruda y que refleja un antes y un después en la vida civil de Chile: *"La última vez que vi a Pablo fue para el Año Nuevo del 73 en Valparaíso. Me pasó a buscar la*

Teresa Hamel de quien me honro de haber sido amiga y partimos a su casa en Reñaca. Para allá llegó la Matilde Urrutia[42] a decirle a la Teruca que Pablo quería ramos de peumo para adornar La Sebastiana[43] *y que nos fuéramos a comer allá. Partimos a cortar ramas de peumo a las quebradas de Reñaca Alto y llegamos en la noche. Habría unas diez personas en* La Sebastiana, *estaba Manuel Solimano[44] con su mujer; estaba Nemesio Antúnez[45] y fue la última vez que vi a Pablo vivo porque sucedió lo que sucedió y empezó el tiempo del asco".*

La esperanza del hombre nuevo se derrumba y el discurso de Stella cambia radicalmente. Con indignación arremete contra el hombre y contra su otrora utopía social. Chile experimentaba la implantación política, social y económica del libre mercado y, en aquella naciente sociedad neoliberal, Stella sostiene con franca decepción e ironía: *"¿De qué se trataba? Se trataba de crear el hombre nuevo, ¡el hombre nuevo! y lo único que logramos crear fue el nuevo cerdo. Esto te lo he dicho y lo he dicho en otras entrevistas que me han hecho. Lo único que se logró fue el Nuevo Cerdo, así con mayúscula. Antes y después de la dictadura. Del hombre nuevo al nuevo cerdo y desgrasado más encima porque antes los chanchos chapoteaban en los albañales entre caca y cosas naturales. Eran más sabrosos. Ahora comes chancho y no tiene gusto a nada. Sí, eso es el hombre. El hombre nuevo es el nuevo cerdo".*

Es bueno dejar claro que a pesar de los horrores sufridos durante la dictadura, Stella, hacia el final de su vida y en relación a los despiadados torturadores de los servicios de inteligencia del régimen, levanta la voz y mesiánicamente perdona las atrocidades del régimen. Es el hombre el imperfecto. Lo declara en un discurso reconciliador que contiene significativas reminiscencias bíblicas cuando observa al hombre, perdonándolo por no saber lo que hace:

"*Yo perdono. Yo perdono. ¿Sabes por qué? Porque hay un tope orgánico. Tanto para el verdugo como para la víctima y los gallos estaban todos trepanados. Con lobotomía porque a ellos les extirparon la piedad con rayo láser. Y había voluntarios y no voluntarios. Ningún ser humano en sus cinco sentidos se sienta ahí y te saca las uñas. No puede ser. No puede ser que te quemen los ojos con soplete. No puede ser que te metan ratones adentro de la vagina y que te quemen los pezones. No puede ser. Y las secuelas. Y las secuelas*".

Los dones previsibles

Parte de su obra ya había sido incluida en varias e importantes antologías de poesía chilena, entre ellas: "Poesía Nueva de Chile" (1953); "Atlas de la poesía chilena" (1958) y "La mujer en la poesía chilena" (1963), cuando de pronto y, sin esperarlo, gana en 1986 el Premio Literario Pedro de Oña, que otorga la Ilustre Municipalidad de Ñuñoa, por el extenso poemario titulado *Los dones previsibles*. Incisivo poema dividido a su vez en once poemas o partes con los que da título al poemario.

Seis años después, en 1992, *Los dones previsibles* será publicado a través de la editorial Cuarto Propio en Santiago. En esta edición se incluyen algunos poemas que ya habían sido publicados en su libro anterior *Tiempo, medida imaginaria* (1959) como son los casos de los poemas "Breve historia de mi vida", "Cuando la recién desposada" y "La casa". Todos los restantes poemas son aparentemente inéditos al momento de la publicación, libro que posee un prólogo del poeta Enrique Lihn, contemporáneo y amigo de juventud suyo, donde nos presenta a Stella con esta original e ilustradora semblanza:

La voz de Stella es fiel a sí misma. Subrayo esa palabra para agregar que la mayor parte de los poetas de mi generación entendíamos la poesía como canto, en primer lugar y sólo en segundo como escritura. En el poema hablaba, una primera persona que debía robarse con su voz todas las películas, empezando por la Biblia. El hablante más bien cantante, de los versos, debía ser "antipoeta y mago" -Huidobro-; heroico y multitudinario -de Rokha-; un mito -Neruda-. Stella Díaz Varín, no bien reconocida la necesidad de tener una voz propia y resonante y, en ella, "la razón de mi ser", intentó diferenciarla con una violencia específica e hizo de ella una leyenda turbulenta.

Este extenso poema se inicia con los siguientes versos:

Eran los dones previsibles./ El espacio habitable/ En una tierra/ Donde a poco de hurgar/ Nos entrega la cosecha/ En las manos germinadas de arándanos/ Estos, los dones previsibles.../ Entonces el asombro moribundo pez/ Abstracto en la dimensión de una sonrisa/ Súbito en lo profundo del dolor/ Desecha una escalera de agua.

Durante el año 1993 aparece un tríptico testimonial autoeditado. Se llama *La Arenera* y está basado en un hecho real ocurrido en aquellos años. Sobre cómo se inspiró o tomó conciencia de "La Arenera" Stella puntualiza: *"Yo estaba en* La Tercera *y leí una crónica "Arenera muere sepultada". Me encontré con ese titular y esta mujer era abogado y su marido también y vivían en la población Lo Amor, -qué coincidencia-, y estaban clandestinos con hijos y todo, viviendo ahí. Con cinco hijos, "cinco esperas sangrientas, hambrientas" y Enrique Lihn me dijo "no escribas más leseras" y le dije ¿qué sabes tú?, porque Enrique tenía sus bemoles".*

Poema de denuncia, versos de protesta contra los nuevos tiempos neoliberales, contra la dictadura económica implantada y el flagelo dictatorial. Cuando Stella canta a "La Arenera" aplastada en un derrumbe, su voz fraterna surge de sus propias entrañas en homenaje a esa criatura anónima. El poema habla de "una mujer arenera.../ Diez uñas/ y el silencio/ Para escarbar milenios/. Pagado y miserable/ Cuatro pesos el metro cúbico/: Ripio arena y sangre/. Para la construcción del Caracol... Flor

María Beltrán /Compañera arenera sin palabras/ Sin títulos, sin zapatos/ Con la misma pollera/ Te sepultó el más grande de los derrumbes/. En tus pestañas, en tus crenchas/ Florecen las arenas.

Viaja a Cuba y presenta en la Casa de las Américas[46] un ensayo sobre la poesía chilena. Es homenajeada con una antología de sus poemas editada en ese país en 1994, titulada *Stella Díaz Varín: Poesía*.

Años fructíferos en escritura y ediciones. Stella está en la cúspide de su trayectoria literaria. Comienza a escribir sus memorias titulándolas *De cuerpo presente*, con las que gana el premio del Consejo Nacional de la Cultura y las Artes, siendo publicadas el año 1999, texto con el que termina su obra publicada en vida.

Sin duda, existe bastante material inédito, comenzando con la recopilación de sus cuentos y columnas periodísticas, agregando aquellos firmados con los seudónimos que muchas veces utilizó. De ellos nos dice que *"Siempre estuve muy orgullosa de mis padres y usé seudónimo solamente cuando fue necesario usar seudónimo y fui por ejemplo "Anagrama" en el diario* La Tercera. *Y cuando escribía para* Quimantú *fui Juana Tapia y Argentina Plaza, porque resulta que Alfonso Alcalde[47] que estaba a cargo de* Quimantú *me dijo: -Colorina, yo te quiero dar trabajo, pero no puedes firmar con tu nombre porque el Comité Central lo prohibió-. Yo era trotska. Entonces le dije -lo que tú digas porque yo necesito trabajo- y entonces usé seudónimos. Yo debiera callarme, pero me cansé de taparme la boca y lo digo porque esa fue la verdad aunque me jodan la vida, ¡para lo que me queda!"*

En una de las últimas entrevistas realizadas por Claudia Donoso a la poeta serenense, responde y hace referencia a otro poemario en redacción, a "*Un decálogo, es decir diez poemas para desacralizar a Nicanor Parra. Porque él comenzó siendo un mecánico racional. Que haya devenido a poeta es otro cuento. Lo publicaré para remecer a este viejo que anda diciendo que se va a morir*".

Cuando se le pregunta por algunos poetas suyos contemporáneos recuerda a Jorge Teillier, del que nos dice que tenía un humor negro como el carbón: "*Era terrorífico y cruel como un niño perverso. Esa última vez que estuvimos juntos me dijo: -Mira, yo no le tengo ningún respeto a la gente, porque la gente se enferma y a los enfermos no les tengo ningún respeto porque molestan mucho, pero tú eres más mala que yo porque a los enfermos tú los matas-. ¿Ah, sí? -le dije yo, -¿tú te crees menos malo que yo porque los dejas morir? ¡Una conversación tan loca! No, córtala, Baudelaire era un pobre niño de teta al lado de Jorge, porque era un ser triste y angustiado, pero nunca pudo ser malo, Jorge Teillier, sí. Las historias que le conozco a Jorge son como para matarlo a peñascazos*".

Son recuerdos al final de su vida. Stella era de personalidad polémica y rupturista, integrante de la Generación Literaria de 1950. Se perfiló como una voz singular y trascendente en la historia de la literatura chilena. Se le recuerda más por el mito de poeta maldita, excéntrica y beligerante, que por su obra propiamente tal.

El documental *La Colorina*, dirigido por Fernando Guzzoni y Werner Giesen, es un film galardonado en varios países, que narra la vida y la obra de Stella Díaz Varín, en largas entrevistas que recogen lo mejor de sus inteligentes declaraciones. También testimonios de importantes poetas contemporáneos suyos, como Armando Uribe[48] y Delia Domínguez[49], que la recuerdan en su real magnitud, dejando de lado la tergiversada leyenda *maldita* del alcoholismo y su aguerrida, volcánica y huracanada personalidad. Fue estrenado en 2008.

La ironía y el humor negro es un arma que utiliza no solo contra sus contrincantes sino hasta con ella misma. El año 2006, pocos antes de su muerte se le ocurre el atávico deseo de regresar a su tierra natal, y lo declarará a través de una confesión -a mi parecer- definitivamente surrealista:

"A mí me dan ganas de irme a morir a La Serena porque allá hay sepulturas de tierra y aquí no. Porque acá sacaron todos los cadáveres de las sepulturas de tierra, sepulturas que estaban del año de la gran pera y están haciendo nichos y yo no voy a estar licuándome en una tumba de cemento, porque eso es lo que pasa a los doce días: reventai. Primero que nada la cabeza. Y después los intestinos y eres una masa gelatinosa en una cuestión de cemento. ¿Quién va a querer estar ahí? Lleno de animales cromch, cromch, cromch. El festín eterno. Anda a un cementerio en la noche y sientes el rumor. Anda. Yo fui cuando trabajaba en el diario La Opinión, *cuando era joven y creía que no me iba a morir nunca: cromch, cromch, cromch, toda la noche comiendo los animales"*.

Según el testimonio de la escritora Virginia Vidal[50], nos dice que los escritores de La Serena quisieron a toda costa conseguirle una casa digna y una pensión para que viviera en su ciudad natal sus últimos días, pero que las autoridades municipales y una cuña de su mismo palo se opusieron y bregaron para impedirlo y se limitaron a declararla Hija Ilustre, festejándola con un diploma y un ligero ágape en el salón de la Ilustre Municipalidad.

Personalmente recuerdo esa decepción que sufrió Stella al no lograr más que un diploma donde con letras en relieve constaba el hecho, cuando lo que realmente necesitaba Stella Díaz, era un cheque acorde al gesto de honrarla como Hija Ilustre de la ciudad. Nada, nada, la vida literaria siguió su derrotero.

Stella Díaz Varín falleció a los 79 años en el Hospital del Salvador, en Santiago de Chile, el 14 de junio de 2006, diez años después de que se le diagnosticara un tumor cancerígeno en las cuerdas vocales. Su velorio se realizó en la Sociedad de Escritores de Chile, dos días después. Su tumba se encuentra en el cementerio Parque del Recuerdo, Sector D.09, en Santiago de Chile, donde coincidentemente, también se halla la sepultura de su amigo el poeta Enrique Lihn.

Después de toda una vida dedicada a la poesía, a la lectura y a la observación de la conducta humana, sufriendo en carne propia la adversidad en este frío mundo de necesidades primordiales, la poeta, más allá del dolor que suelen causar las carencias, más allá de la belleza de su obra, deduce sabiamente en las postrimerías de su vida:

"El hombre es un accidente en este planeta. El hombre es un accidente como la albahaca, como una mata de orégano, como una flor, como cualquier cosa que se da en la naturaleza. El hombre no tiene la solidez de los dioses. El hombre es nada más que el hombre. Triste y espantosa cosa que está destruyendo su mundo. Porque lo que nosotros, cultural y estúpidamente llamamos inteligencia, no existe. El hombre es el gran destructor. Ninguna inteligencia es proclive a la destrucción. El ser humano es un cero a la izquierda, el ser humano es peor que una piara de chanchos, el ser humano es lo más triste que se ha visto en este planeta".

Notas

1. MANDRÁGORA: Grupo de poetas surrealistas chilenos fundado en 1938 por los poetas Braulio Arenas, Teófilo Cid y Enrique Gómez Correa, al que se suma, siendo un adolescente, Jorge Cáceres. Este movimiento surrealista se gestó en reuniones que se llevaban a cabo en casa de Vicente Huidobro.
2. EL CHILENO: Periódico serenense de vanguardia de comienzos del siglo XX.
3. EL COQUIMBO: Periódico de tendencia radical, editado en la ciudad de La Serena. Fue el único periódico fundado en dicha ciudad durante el siglo XIX. El Coquimbo dejó de circular en marzo de 1945.
4. QUIMANTÚ: Empresa editorial chilena creada en 1971 por el gobierno de la Unidad Popular. El 12 de febrero de 1971, el gobierno compró el cuarenta por ciento de los activos de la Editorial Zig-Zag, creando así la Empresa Editora Nacional Quimantú Ltda. (Quimantú en mapudungún significa "sol del saber"). Los libros de Quimantú se vendían a muy bajo precio en librerías y quioscos de periódicos, por lo que con esta editorial se hizo efectivamente más accesible la cultura a la ciudadanía. Su colección abarcaba obras clásicas y contemporáneas de literatura e historia, entre otros temas. Fue dirigida por el costarricense Joaquín Gutiérrez, cercano al presidente Allende.
5. ALEJANDRO ROJAS CHELÉN: (Chañaral, 1912 - Santiago, 1990). Periodista, escritor, regidor, diputado y senador socialista. Fundador de diversos semanarios y periódicos en las regiones de Atacama y Coquimbo.
6. ROSA LUXEMBURGO: (Zamość, Polonia, 1871 - Berlín, Alemania, 1919). Filósofa, revolucionaria y teórica marxista polaca de origen judío, apodada "la rosa roja".

Fue una de las grandes revolucionarias del siglo XX y una de las fundadoras de la corriente de pensamiento del socialismo democrático. En 1916 junto al político alemán Karl Liebknecht fundó la Liga de Spartacus, que más adelante se convertiría en el Partido Comunista Alemán. Sus libros más conocidos, publicados en castellano, son *Reforma o Revolución* (1900), *Huelga de masas, partido y sindicato* (1906), *La Acumulación del Capital* (1913) y *La revolución rusa* (1918), en el cual critica constructivamente a la misma y sostiene que la manera soviética de hacer la revolución no puede ser universalizada para todas las latitudes. El 15 de enero 1919, Rosa Luxemburgo y su co-ideario, Karl Liebknecht, son asesinados en Berlín.

7. TEÓFILO CID: (Temuco, 1914 - Santiago, 1964). Poeta chileno, cofundador del grupo surrealista La Mandrágora. Entre otros libros publicó: *Bouldroud,* Stgo, 1942, colección de relatos oníricos. En 1952 publica la novela *El tiempo de la sospecha*, en la que aborda desde un punto de vista crítico la dictadura del general Carlos Ibáñez del Campo. En 1954 publica *Camino del Ñielol*, extenso poema de mil versos donde el autor expresa su alejamiento del surrealismo y mayor cercanía al creacionismo de Vicente Huidobro. En 1976, el escritor Alfonso Calderón recopila sus crónicas aparecidas en los diarios La Nación y La Hora, las revistas *Pro-arte* y *Alerce*, entre otras, bajo el título: ¡Hasta Mapocho no más!

8. BRAULIO ARENAS: (La Serena, 1913 - Santiago, 1988). Poeta, dramaturgo y novelista chileno de la vanguardia del siglo XX, cofundador del grupo surrealista La Mandrágora. Premio Nacional de Literatura 1984.

9. ENRIQUE GÓMEZ CORREA: (Talca, 1915 – Santiago, 1995). Poeta, abogado y diplomático chileno. Como buen antinerudiano, Enrique Gómez Correa (como también su compañero de ruta literaria, Braulio Arenas), tuvo amistad con Vicente Huidobro y Pablo de Rokha, am-

bos detractores declarados del chileno que ganaría el Premio Nobel de Literatura, a quien consideraban un plagiador. Además de poesía, Gómez Correa escribió varios ensayos, un drama inspirado en un cuento de Achim von Arnim (*Mandrágora rey de gitanos*, 1954) y tradujo *Alcoholes*, de Guillaume Apollinaire (Ediciones Mandrágora, Santiago, 1955).

10-) JORGE CÁCERES: Su nombre real era Luis Sergio Cáceres Toro (Santiago, 1923 - Santiago, 1949), fue un talentoso poeta, artista visual y bailarín chileno, integrante del grupo surrealista La Mandrágora. Cáceres hizo también pinturas y collages y fue uno de los fundadores del Club de Jazz de Santiago. Conoció a Vicente Huidobro cuando sólo tenía 16 años. En los primeros períodos de la década del treinta, Huidobro influyó marcadamente en los jóvenes poetas chilenos, como propagador del surrealismo, ya sea, a través de su discurso alegórico o por los documentos vanguardistas que había traído de Europa, referidos a los trazados y manifiestos de este movimiento. Esta documentación circuló profusamente entre los adherentes de Mandrágora, e influyó de manera notoria en Jorge Cáceres a quien lo estimuló a escribir sus primeros poemas y a hacer collages, fotomontajes y caligramas. Publicó entre otros libros: *René o la mecánica celeste* (1941), *Monumento a los pájaros* (1942) y *Por el camino de la gran pirámide polar* (1942).

11. HELIO RODRÍGUEZ: Poeta y traductor chileno de Rimbaud.

12. HERNÁN DÍAZ ARRIETA: Más conocido como Alone (Santiago, 1891-1984) Considerado como el más influyente crítico literario chileno, fue una personalidad imprescindible de la escena cultural chilena del siglo XX. De formación autodidacta.

13. ELEAZAR HUERTA VALCÁRCEL: (Albacete, España, 1903- Santiago de Chile, 1974). Abogado y político español. Fue víctima de la Guerra Civil Española, exilián-

dose en Chile, país donde desarrolló una intensa labor intelectual, alcanzando un reconocido prestigio como filólogo y escritor. Fue catedrático de Estética Literaria, Literatura Universal y Literatura Española en la Universidad de Chile y en la Universidad Austral de Chile, donde compuso la letra de su himno. Escribió crítica literaria para el diario *Las Últimas Noticias*.

14. IL BOSCO: Famoso reducto bohemio inaugurado en 1947 y que cerró sus puertas tiempo después del Golpe de Estado de 1973. Bar restorán situado en el centro mismo de Santiago (Alameda 867). Estaba abierto durante toda la noche y ahí se reunían periodistas y escritores, noctámbulos, bailarinas, gente de cabarets, prostitutas y hasta maleantes con códigos de honor.

15. CAFÉ IRIS: Café de tradición literaria y periodística que estaba situado en el desaparecido edificio Undurraga, en calle Alameda, en el centro de Santiago. Lugar de reunión de poetas y escritores, entre otros: Mario Ferrero, Ricardo Latcham, Manuel Rojas, José Santos González Vera, Volodia Teitelboim, Eduardo Anguita y Omar Cáceres.

16. RICARDO ANTONIO LATCHAM ALFARO: (La Serena, 1903 - La Habana, Cuba, 1965). Fue un escritor e historiador chileno. Hijo del antropólogo inglés y Director del Museo Nacional de Historia Natural Ricardo Latcham. En 1919, publicó sus primeras crónicas en el periódico *El Chileno* de La Serena. Marchó al exilio a Europa entre 1927-1929 por la dictadura de Carlos Ibáñez del Campo. Fue uno de los fundadores del Partido Socialista de Chile (1933). Fue electo regidor por la Municipalidad de Santiago (1937) y Diputado por Santiago desde 1937 a 1941). Miembro de número de la Academia Chilena de la Lengua en 1956. En 1925, publicó *Escalpelo*, libro que reúne ensayos sobre el poema La Araucana, sobre la obra de Pedro de Oña, Jotabeche y Joaquín Edwards Bello, entre otros. Un año después,

dio a conocer su novela *Vidas ardientes* y su libro testimonial *Chuquicamata, estado yankee*. Además publicó entre otros: *Vida de Manuel Rodríguez: el guerrillero* (1932), *Estampas del Nuevo Extremo* (1941), *Antología del cuento hispanoamericano* (1958). *Blest Gana y la novela realista* (1959), *Carnet crítico: ensayos* (1962). Invitado como jurado en el Premio Casa de las Américas, Ricardo Latcham murió sorpresivamente en La Habana, el 25 de enero de 1965.

17. MARIANO LATORRE: (Cobquecura, 1886 - Santiago, 1955). Cuentista, novelista y profesor de castellano. Durante su estadía en Talca se inicia en la literatura junto a su amigo Fernando Santiván, y colabora con los diarios *La Actualidad*, *La Libertad* y en la *Revista Zig-Zag*. En 1936 obtuvo el Premio Municipal de Santiago, y en 1944 el Premio Nacional de Literatura. La crítica de la época lo consideró el maestro del criollismo en Chile, aun cuando hoy se le considera, más bien, exponente del mundonovismo. Entre sus principales obras destacan: *Cuentos del Maule* (1912), Zurzulita (1920), *Chilenos del Mar* (1929), *Hombres y Zorros* (1937)y *El Choroy de Oro* (1946).

18. LUIS OYARZÚN PEÑA: (Santa Cruz, 1920 - Valdivia, 1972). Destacado escritor, poeta y profesor. Miembro de número de la Academia Chilena de la Lengua. Estudió simultáneamente las carreras de Derecho y Filosofía en la Universidad de Chile. Más tarde, se especializará en Estética e Historia del Arte en Londres. Nicanor Parra le pondría el apodo de "El Pequeño Larousse Ilustrado" debido a su vasto conocimiento en las más variadas materias artísticas, botánicas, literarias y pictóricas". En 1954 fue elegido presidente de la Sociedad de Escritores. En 1958 fue nombrado Decano de la Facultad de Artes de la Universidad de Chile. En 1959 es enviado como Agregado Cultural del gobierno de Chile ante las Naciones Unidas en Nueva York, re-

gresando en 1971 para hacerse cargo del Departamento de Extensión Cultural y como profesor de Estética de la Universidad Austral de Valdivia. Luis Oyarzún, fue miembro de la generación literaria de 1938 y de la de 1950. A lo largo de su vida, Oyarzún escribió numerosos artículos, críticas y reseñas literarias para diarios y revistas como *Pro Arte* o *La Nación*, los cuales fueron reunidos y publicados en el libro póstumo *Escritura de paso* (2006). Viajero infatigable, Oyarzún recorrió Chile minuciosamente (incluyendo la isla de Pascua), América Latina, Estados Unidos, Europa, Asia y parte de África. Fue sepultado en el Cementerio General de Santiago y el epitafio que hay en su tumba fue extraído de una libreta suya: "Los Dioses se durmieron contigo, con ellos y conmigo". Premio de la Sociedad de Escritores 1940 para poemas inéditos por *Las murallas del sueño*. Premio Municipal de Santiago de Poesía 1958 por *Mediodía*. Premio Municipal de Santiago de Ensayo 1996 por *Diario íntimo*. Algunos títulos de su prolífica obra son: *La infancia* (Novela, 1940), *Poemas en prosa.* (1943), *El pensamiento de Lastarria* (Ensayo, 1954), *Los días ocultos* (Prosa, 1955), *Mediodía* (Poesía, 1958), *Diario de Oriente* (1960), *Mudanzas del tiempo* (Prosa, 1962), *Temas de la cultura chilena* (Ensayo, 1967), *Defensa de la Tierra* (Ensayo, 1973), *Diario íntimo.* (1995).

19. EL SIGLO: Diario fundado el 31 de agosto de 1940 por el Partido Comunista de Chile. Ha tenido varias etapas de circulación legal ya que fue clausurado en julio de 1948 como consecuencia de la Ley de Defensa de la Democracia aprobada durante el gobierno de Gabriel González Videla. Reaparece en 1952 bajo el gobierno de Carlos Ibáñez del Campo, siendo clausurado nuevamente para el golpe de estado de 1973. Actualmente *El Siglo* es un semanario chileno, órgano oficial del Comité Central del Partido Comunista de Chile.

20. EL EXTRA: Diario, cuyo director en aquellos años era el

crítico literario Juan de Luigi. Fue fundado en Santiago por el propio de Luigi y el escritor Carlos Droguett.

21. LA OPINIÓN: Antiguo periódico santiaguino donde colaboraban distintos escritores de la época.

22. LA HORA: El diario *La Hora* salió a la luz el 25 de junio de 1935, fue el órgano de expresión del radicalismo, primero en su oposición a la segunda administración de Arturo Alessandri y luego en el gobierno, después del triunfo del Frente Popular en 1938. Dejó de imprimirse en agosto de 1951.

23. JUAN DE LUIGI ROSI (1901 - 1960). Poeta, escritor y crítico literario. En la década de 1940 colaboró en el diario vinculado al Partido Radical, "La Hora", donde escribió con el pseudónimo de "The Ripper" (otro de sus seudónimos sería "Dick Tracy"). Junto a Carlos Droguett fundaron el periódico *Extra*. Trabajó, además, en el diario de filiación comunista *El Siglo*. Prologó *60 muertos en la escalera* (1953) de Carlos Droguett. Como poeta publicó en 1947 el libro *El poema del verano*.

24. RAÚL AMPUERO: (Ancud, 1917 - Santiago, 1996). Abogado y político del Partido Socialista de Chile, Partido Socialista Popular y Unión Socialista Popular. Secretario general del socialismo en diversos períodos. Senador en los períodos 1953-1961 y 1961-1969, por la Primera Agrupación Provincial "Tarapacá y Antofagasta".

25. ANICETO RODRÍGUEZ: (Taltal, 1917 - Caracas, Venezuela, 1995), fue un abogado, diputado y senador socialista. Exiliado en Venezuela (1973 - 1987) e impedido de su nacionalidad por la Junta Militar de Gobierno. Embajador de Chile en Venezuela (1990-1995), cargo en el que falleció en Caracas, en mayo de 1995.

26. JEAN LOUIS BARRAULT: Actor, mimo y director francés (1910-1994).

27. JERÓNIMO LAGOS LISBOA: (San Javier de Loncomilla, 1883 - 1958). Poeta. Fue presidente de la Sociedad de Escritores de Chile. La Municipalidad de Santiago lo

distinguió con premios por sus obras *Tiempo Ausente* (1937) y *La Pequeña Lumbre* (1945). San Javier es una comuna y ciudad de la Provincia de Linares, perteneciente la Región del Maule.

28. JUVENCIO VALLE: Seudónimo de Gilberto Concha Riffo, (Villa Almagro, Nueva Imperial, 1900 – Santiago, 1999). Poeta. En 1938 viajó a España, como corresponsal de guerra, y envió sus impresiones a la revista *Ercilla*; luego, fue encarcelado por estar de lado de los republicanos. En 1966 recibió el Premio Nacional de Literatura. Entre 1971 y 1973, Juvencio Valle fue Director de Bibliotecas, Archivos y Museos (Dibam). Además, destaca por ser uno de los fundadores de la Comisión Chilena de Derechos Humanos en el año 1978, junto a Jaime Castillo Velasco, entre otros. Algunos de sus libros son: *La flauta del hombre pan* (1929), *El tratado del bosque* (1932), *El libro primero de Margarita* (1937), *Nimbo de piedra* (1941), *El hijo del guardabosque* (1951), *Nuestra tierra se mueve* 1960), *El grito en el cielo* (1965), *Estación al atardecer* (1971).

29. JORGE GONZÁLEZ BASTÍAS: (Nirivilo, Región del Maule, 1879-1950). Poeta. Gran parte de su vida transcurrió en las tierras de Infiernillo, una estación de ferrocarril que se ubica entre las ciudades de Talca y Constitución, al lado del río Maule. Fue reportero del diario *El Imparcial* de Santiago y *La Libertad* de Talca. Fue elegido regidor de Nirivilo y posteriormente Alcalde. Perteneció a la Generación del 900, junto con Diego Dublé Urrutia, Manuel Magallanes Moure, Pedro Prado, Carlos Pezoa Véliz, Ernesto Montenegro, Víctor Domingo Silva y Carlos Mondaca. Algunas de sus obras poéticas son: *Misas de Primavera*, *El poema de las tierras pobres* y *Del venero nativo*.

30. PANCHO COLOANE: Francisco Coloane Cárdenas (Quemchi, 1910 - Santiago, 2002). Fue un destacado cuentista y novelista perteneciente a la generación literaria de

1938. En 1964 obtuvo el Premio Nacional de Literatura. Sus obras se caracterizan por desarrollarse en el extremo austral de América del Sur y los mares australes. Participó en la Primera Expedición Antártica Chilena en 1947. Algunos de sus libros son: *El último grumete de la Baquedano*, novela, (1941). *Cabo de Hornos*, cuentos (1941). *La Tierra del Fuego se apaga*, teatro (1945). *El camino de la ballena. Misas de Primavera*, novela (1962). *Rastros del guanaco blanco*, novela (1980). *Crónicas de la India* (1983). *Los pasos del hombre*, memorias (2000).

31. TOMÁS LAGO: (1903-1975). Escritor chileno nacido en Chillán. Fue especialista en temas folklóricos y director del Museo de Arte Popular. Fue miembro fundador de la Sociedad de Escritores de Chile (1932) y de la Alianza de Intelectuales de Chile. Organizó la Primera Feria del Libro de Santiago (1938) e impulsó la instauración del Premio Nacional de Literatura, oficializado en 1942. Como poeta de estética vanguardista ha dejado el libro titulado *Anillos* (1926), en el que colaboró Pablo Neruda. Es autor también de la novela *La mano de Sebastián Gaínza* (1927) y de numerosos ensayos literarios y antropológicos, entre los que se cuentan: *Tres poetas chilenos: Nicanor Parra, Victoriano Vicario y Oscar Castro* (1942), *El huaso* (1953) y *Arte Popular chileno* (1971).

32. MARÍA LUISA BOMBAL ANTHES: (Viña del Mar, 1910 - Santiago, 1980). Destacada escritora nacional. Su obra, relativamente breve en extensión, se centra en personajes femeninos y su mundo interior. A temprana edad tras la muerte de su padre, viajó a París, donde finalizó sus estudios escolares para luego ingresar a la Universidad de La Sorbonne a estudiar "Latín y Letras". María Luisa Bombal, además de Letras, estudió violín con el maestro Jacques Thibaud y teatro con Charles Dolan. Autora de las novelas *La última niebla* (1935) y *La amortajada* (1938) y de los cuentos *El árbol* (1939), *Las islas nuevas* (1939) y *La historia de María Griselda* (1946), en-

tre otros. En 1947 escribe *The house of mist*, una recreación de su propia novela *La última niebla* para el mercado estadounidense, con adiciones respecto de la versión original en español. Paramount Pictures le compró los derechos para realizar una película que nunca fue filmada. Sus últimos años los pasó en una casa de reposo sumida en el alcohol. Estuvo constantemente hospitalizada afectada de crisis hepáticas. María Luisa Bombal falleció el 6 de mayo de 1980, víctima de una hemorragia digestiva masiva. Al igual que otros sobresalientes escritores y poetas chilenos nunca recibió el Premio Nacional de Literatura.

33. MARÍA CAROLINA GEEL: (1913-1996). Novelista y crítica literaria. Se desempeñó como taquígrafa de la Caja de Empleados Públicos y Periodistas. Su primer libro fue *El mundo dormido de Yenia* (1946). Luego de esta primera publicación escribió cuatro novelas más: *Extraño estío* (1947), *Soñaba y amaba al adolescente Perces* (1949), *El pequeño arquitecto* (1956) y *Huida* (1961). Paralelamente se introdujo en una tarea poco desarrollada por las mujeres de su época: la crítica literaria. Se inició en este género con la publicación de *Siete escritoras chilenas* (1949), en la que demostró su agudeza y capacidad de lectura. En este libro, María Carolina Geel buscó un compromiso con su propio género y con las escritoras contemporáneas al valorarlas como ningún crítico lo hizo antes. Periódicamente publicó sus escritos en diarios como *El Mercurio*, *La Crónica*, la revista *Atenea* y el semanario *PEC* (Política, Economía y Cultura). Al decir de especialistas: Una de las características de sus obras es la importancia que le da a la interioridad femenina como una construcción de género. Al mismo tiempo su literatura demostraba la lucha que esta representaba por la liberación de la mujer tanto social como intelectualmente. En 1955, en un hecho confuso (similar al que vivió María Luisa Bombal a la salida del mismo

hotel) que sorprendió a la sociedad santiaguina, Geel disparó en contra de su amante en el conocido Hotel Crillón. Condenada a tres años de presidio, redactó allí una de sus más importantes novelas, *Cárcel de mujeres*. Se relacionó con las escritoras Gabriela Mistral, Amanda Labarca y María Monvel, y en sus últimos años con el poeta Eugenio Cruz Vargas. Tiempo después, Gabriela Mistral, desde Nueva York, pidió el indulto al presidente Carlos Ibáñez del Campo para María Carolina. Siéndole este concedido, no cumplió la totalidad de su condena y, estando ya libre, prosiguió con su profesión, ahora desde un lugar más apartado de la sociedad. El reputado crítico Alone alabó su obra y fue su más fiel admirador, según sus propias declaraciones.

34. JORGE PALACIOS CALMANN: (1926-2014). Filósofo, periodista y escritor. Fue profesor en el Departamento de Filosofía de la Universidad de Chile, del que fue su director de 1969 a 1973. Exiliado en Perú, fue profesor en la Universidad Nacional Mayor de San Marcos. Desde joven fue un militante comunista. En 1963 salió del PC creando el grupo ESPARTACO, que en 1966 se transformó en Partido Comunista Revolucionario, del que fue dirigente hasta su disolución en 1982. Trabajó en *El Siglo*, en la revista *Principios*, *Combate*, *El Pueblo*, *Denuncia Popular* y agencia ANCHA. También fue director de la Agencia de noticias Sinjua. Realizó numerosos viajes a China y Albania. Tras el golpe de Estado se exilió en Perú y luego en Francia, donde trabajó en el Centro Georges Pompidou, colaborando también en Radio Francia Internacional. Escribió cientos de artículos y varios libros, entre ellos, *Chile, un intento de compromiso histórico*, *La necessité apprivoisée*, *Retrato hablado*, *Del Mapocho al Sena*, *Hotel Pekín*, *Anécdotas de la China preglobalizada* y *La calle Montaña*. A su vuelta a Chile, contribuyó a la fundación de la edición chilena de *Le Monde Diplomatique*, del que fue su primer editor.

35. ARMANDO CASSÍGOLI: (1928-1988). Escritor perteneciente a la Generación del 50 y profesor de Filosofía en
la Universidad de Chile. En 1973, después del Golpe
de Estado se exilió en México donde falleció en 1988.
Además de colaborar en numerosas publicaciones, fue
director de la revista de la Sociedad de Escritores de
Chile. Premio Municipal de Santiago en 1960 y Alerce en 1964. Entre otros títulos son varios los libros de
cuentos que publicó: *Confidencias y otros cuentos* (1954),
Sobre la sangre llamas (1967) y *Pequeña historia de una
pequeña dama* (1971).

36. ESTER MATTE ALESSANDRI: (Santiago, 1920-1997).
Cuentista y poeta. Fue hija de Arturo Matte Larraín
(Político liberal y candidato a la presidencia de la República de Chile) y de Rosa Esther Alessandri Rodríguez,
hija del presidente de Chile Arturo Alessandri Palma.
Fundó la *Revista Extremo Sur* y fue determinante en el
posicionamiento de la Sociedad de Escritores de Chile.
De fuertes convicciones de izquierda, como su hermano Arturo Matte Alessandri, el fundador de la Editorial
Universitaria de la Universidad de Chile, Esther Matte
ayudó incansablemente a los escritores chilenos antes
y durante la dictadura de Pinochet. Publicó los libros
de cuentos *La hiedra* (1958), *Otro capítulo* (1963), *El ro-
deo y otros cuentos* (1983). Y los libros de poesía *Desde el
abismo* (1969), *Las leyes del viento* (1977), (que recibió el
Premio de la Academia Chilena de la Lengua en 1978),
Cartas a Tatiana (1981) y *Leve pasar* (1994).

37. TERESA HAMEL: (Viña del Mar, 1918 - 2005). Novelista y
cuentista. En 1939 viajó a París, donde cursó estudios
de literatura en La Sorbonne y estrechó vínculos con
exponentes de la cultura europea, participando regu-
larmente de veladas poéticas y artísticas. De regreso
en Chile, publicó su primer cuento, *Negro* (1950), seguido del volumen *El contramaestre* (1951). En esos años
creó lazos con escritores, intelectuales y artistas como

Rubén Azócar, Armando Cassígoli, Margarita Aguirre y Camilo Mori, entre otros. En 1951 conoció a Pablo Neruda, con quien forjó una amistad que se prolongaría por más de dos décadas, hasta la muerte del poeta, momento en que Teresa Hamel estuvo a su lado. Su producción, fundamentalmente narrativa, se reanudó en 1959 con *Raquel devastada*, y prosigue con la novela *La noche del rebelde* (1969), *Verano austral* (1979, crónicas de viajes), *Las causas ocultas* (1980, cuentos) y *Dadme el derecho a existir* (1984, cuentos testimoniales). En 1988 publicó su segunda novela, *Leticia de Combarbalá* y en 1992, el volumen de cuentos *Las cien ventanas*. Sus cuentos han sido incluidos en importantes antologías, como la *Antología del cuento chileno moderno* (1958) de María Flora Yáñez y la *Antología del cuento hispanoamericano* (1962) de Ricardo Latcham. La crítica literaria la ha inscrito dentro de la generación literaria del 50. En 1984 fue galardonada con el Primer Premio Internacional Julio Cortázar, gracias a su cuento "La sorpresa".

38. ALBERTO GUERRERO ESPINOZA: Periodista. Director del diario *La Tercera de la Hora* en 1975. Participó en la campaña de desinformación de la llamada "Operación Colombo", acción internacional orquestada por la DINA para encubrir la desaparición de 119 presos políticos. El año 2008 fue sancionado con "censura pública y suspensión de su calidad de miembro del Colegio de Periodistas durante seis meses" por violar el Código de Ética al "no cumplir con su obligación de confrontar los hechos base de la noticia con otra fuente que no fuera la oficial, con lo cual falló en entregar la verdad que la ciudadanía tenía el derecho a recibir".

39. MARÍA EUGENIA OYARZÚN IGLESIAS: (1936) Periodista, escritora y ex diplomática chilena. En 1965, la Asociación Nacional de Mujeres Periodistas de Chile le otorgó el Premio Lenka Franulic. Durante la dictadura militar del General Augusto Pinochet ocupó el cargo de

Alcaldesa de Santiago (1975 – 1976) y fue embajadora ante la OEA. Gracias a su estrecha relación con Pinochet, le realizó varias entrevistas para diversos medios, las que posteriormente serían publicados en diferentes libros durante la década de 1990: *Augusto Pinochet: Una visión del hombre* (1995). *Augusto Pinochet: diálogos con su historia. Conversaciones inéditas* (1999).

40. MIR: El Movimiento de Izquierda Revolucionaria es un movimiento político chileno de extrema izquierda. Fue fundado como guerrilla en 1965. Se distinguió por su actuar directo y paramilitar desde 1967 y por su posterior resistencia a la dictadura del Régimen Militar. En su cenit en 1973, contó con 10.000 miembros.

41. FEDERICO WILLOUGHBY-MACDONALD MOYA: (Santiago, 1938). Periodista y politólogo. Alcanzó notoriedad como el más cercano asesor de Augusto Pinochet y de la junta militar durante los primeros años del gobierno de facto iniciado en 1973. Cercano al ex presidente Jorge Alessandri hasta su muerte, trabajó en sus campañas senatorial y presidencial. Fue periodista de *El Diario Ilustrado, Ercilla, La Nación,* corresponsal de *The Miami Herald* y Jefe de Prensa del Servicio de Informaciones de la Embajada de Estados Unidos en Chile en 1966. Posteriormente fue Gerente de Relaciones Públicas y Asuntos Gubernamentales de Ford en Chile hasta 1972. El día 11 de septiembre de 1973 fue el único civil que asumió un rol activo en la Junta Militar. Su voz se hizo conocida cuando leyó algunos de los conocidos "bandos" que se transmitieron por cadena nacional de radio. Días después, fue designado Secretario de Prensa de la Junta Militar hasta 1976. Sin embargo, un profundo quiebre con Manuel Contreras, Jefe de Inteligencia de Augusto Pinochet, quien lo amenazó de muerte en Madrid, terminó por alejarlo de la junta militar. En 2012 escribió sus memorias en el libro *La Guerra. Historia íntima del poder.*

42. MATILDE URRUTIA CERDA: (Chillán, 1912 - Santiago, 1985). Tercera esposa del poeta Pablo Neruda, desde 1966 hasta su muerte en 1973. En 1924, llegó a Santiago, donde trabajó y estudió simultáneamente. Aficionada al canto y la guitarra, estudió en el Conservatorio Nacional de Música. Conoció a Pablo Neruda en el Parque Forestal de Santiago en 1946. Se volvieron a encontrar en México en 1949, mientras Neruda estaba exiliado por ser militante del Partido Comunista de Chile. Urrutia fue la inspiración detrás de la obra *Cien sonetos de amor*, que incluye una dedicatoria a ella.

43. LA SEBASTIANA: Casa de Pablo Neruda en Valparaíso.

44. MANUEL SOLIMANO REBUTTI: (Rapallo, Génova, Italia, 1898 – Santiago de Chile, 1988). Pintor y comerciante. Amigo personal de Pablo Neruda, y padre de la actriz nacional Sandra Solimano.

45. NEMESIO ANTÚNEZ: (Santiago, 1918 – 1993). Destacado pintor y grabador. Estudió arquitectura en la Universidad Católica de Chile, donde se graduó en 1941. En 1943 fue becado por la Comisión Fullbright, continuando sus estudios en la Universidad de Columbia en Nueva York, donde realizó una Maestría en Arquitectura. La estadía en Norteamérica fue decisiva para su desarrollo plástico, ya que entre los años 1947 y 1952 se perfeccionó en la técnica del grabado en el taller del maestro William Hayter y se relacionó con los principales artistas de la época. En Chile desarrolló una significativa labor docente destacando en la creación del Taller 99 en el año 1955 y la fundación de la Escuela de Artes de la Universidad Católica de Chile en 1959, junto a Mario Carreño y otros artistas y arquitectos. En 1961 ocupó la dirección del Museo de Arte Contemporáneo de la Universidad de Chile. En 1964 fue nombrado Agregado Cultural de la Embajada de Chile en Estados Unidos. Durante su estadía ejecutó el mural Corazón de los Andes para el edificio de las Naciones Unidas en Nueva York. Entre

1969 y 1973 asumió la dirección del Museo Nacional de Bellas Artes de Chile en un período marcado por la crisis social y política por la que atravesaba el país. A fines de 1973 partió al exilio a Europa, regresando a Chile después de una década. En este nuevo período volvió a dirigir el Taller 99, dando un nuevo impulso a la práctica del grabado. En 1990 fue designado por segunda vez Director del Museo Nacional de Bellas Artes, institución que dirigió hasta su muerte.

46. CASA DE LAS AMÉRICAS: Es una institución cultural fundada en La Habana, Cuba, el 28 de abril de 1959. A sólo cuatro meses del triunfo de la Revolución cubana, se creó como una institución que realiza actividades de carácter no gubernamental, encaminadas a desarrollar y ampliar las relaciones socioculturales con los pueblos de la América Latina, el Caribe y el resto del mundo. Haydee Santamaría (1923-1980), heroína de la lucha revolucionaria, presidió la Casa de las Américas desde su fundación hasta su fallecimiento en 1980. A partir de ese año la institución fue presidida por el pintor Mariano Rodríguez (1912-1990), y desde 1986, por el poeta y ensayista Roberto Fernández Retamar (1930).

47. ALFONSO ALCALDE FERRER: (Punta Arenas, 1921 - Coliumo, Tomé, 1992). Poeta, escritor y periodista. Sus estudios básicos los realizó en el colegio inglés de Punta Arenas. A los doce años continuó sus estudios en Santiago. Alcalde escribió más de una treintena de libros de diversos géneros, incluyendo poesía, cuento, novela, biografía y documentales. Fue colaborador del diario *El Sur de Concepción* y de las revistas *Ercilla* y *Vistazo*. En 1964, es designado jefe de radio en la campaña presidencial de Salvador Allende y luego jefe de prensa en Radio Bío Bío de Concepción, y profesor de Periodismo en la Universidad de Concepción. Después del golpe de estado de 1973, Alcalde marchó al exilio residiendo en Bucarest, Rumania, posteriormente en un kibutz en Is-

rael y, finalmente, en Ibiza, España, antes de regresar a
Chile en 1979, donde se desempeñó como periodista en
varios medios de comunicación. Sus últimos años los
pasó en Tomé, donde compartió con escritores y artistas
locales en lo que llamó "La galaxia de Tomé". Sin embargo, tras una larga depresión, agravada por un glaucoma,
que le impedía seguir escribiendo, Alfonso Alcalde puso
fin a su vida en el pequeño cuarto que arrendaba en la
caleta de Coliumo, el 5 de mayo de 1992. Algunos de
sus libros son: *Balada para una ciudad muerta*, poesía,
con prólogo de Pablo Neruda (1946); *Variaciones sobre
el tema del amor y de la muerte*, poesía (1958); *El panorama ante nosotros*, poesía (1969); *Ejercicio sobre el tema de
la rosa*, poesía (1969); *Puertas adentro*, poesía (1969); *El
auriga Tristán Cardenilla*, cuentos (1967); *Las aventuras
del Salustio y el Trúbico*, cuentos (1973); *Salvador Allende.
Biografía documental* (1974); *Toda Violeta Parra. Biografía
antológica* (1974). También los reportajes periodísticos:
"Vivir o morir. El drama de los resucitados de las nieves" (1973). "Comidas y bebidas de Chile" y "Reportaje
al carbón", entre otros.

48. ARMANDO URIBE ARCE: (Santiago, 1933) Poeta, ensayista y abogado, perteneciente a la generación literaria
de 1950. Premio Nacional de Literatura 2004. Embajador en China durante el gobierno de Salvador Allende.
Después del golpe de Estado, Uribe rechazó de manera
categórica al gobierno de Augusto Pinochet; destituido
del Ministerio de Relaciones Exteriores, se exilió con su
familia en Francia. Uribe ha sido profesor en la Universidad Católica de Chile, la Universidad Estatal de Michigan, La Sorbonne de París y la Universidad de Chile,
donde enseñó por más de treinta años. En 1990 regresó definitivamente a Chile. Ha publicado numerosas
obras de política, ficción, religión, Derecho Penal y de
Minería, y es miembro de número de la Academia Chilena de la Lengua (1993). Traductor de los poetas Ezra

Pound y Giuseppe Ungaretti, entre otros. Tiene más de treinta libros de distinto género publicados, algunos de ellos son: *Transeúnte pálido*, poesía (1954); *El engañoso laúd*, poesía (1956); *Los obstáculos*, poesía (1961); *Una experiencia de la poesía: Eugenio Montale*, ensayo, (1962); *Léautaud y el otro*, ensayo (1966); *No hay lugar*, poesía (1971); *El libro negro de la intervención norteamericana en Chile*, ensayo (1974); *Por ser vos quien sois*, poesía (1989); *Odio lo que Odio, Rabio como Rabio*, poesía (1998); *A Peor Vida*, poesía (2000); *Memorias para Cecilia*, memorias (2002). *"Caballeros" de Chile*, crónica (2003); *Te amo y te odio*, poesía (2005); *Hastío: o variaciones sobre lo mismo*, poesía (2011).

49. DELIA DOMÍNGUEZ MOHR: (Osorno, 1931). Es una poetisa y cuentista miembro de la llamada generación literaria de 1950. Fue directora de la Sociedad de Escritores de Chile y de la revista *Alerce*. Miembro de número de la Academia Chilena de la Lengua desde 1992. Ha sido nominada en varias oportunidades al Premio Nacional de Literatura. En 1955, publicó su primer libro de poemas *Simbólico retorno*. Su labor como poeta no excluyó otros géneros de la producción literaria; es así como muchas de sus crónicas fueron publicadas en la revista *Paula*, en la cual también se desempeñó como jefa de redacción y crítica literaria. Ha publicado entre otros títulos: *La tierra nace al canto* (1958); *Parlamentos del hombre claro* (1963); *Contracanto* (1968); *El sol mira para atrás* (1973); *Pido que vuelva mi ángel* (1982); *La gallina castellana y otros huevos* (1995). *El sol mira para atrás. Antología personal de poesía y prosa* (2008). *Paralelo 40 Sur. Antología de poemas y cuentos inéditos* (2012).

50. VIRGINIA VIDAL: (Santiago, 1932 – 2016). Fue la única periodista de Chile y América que cubrió en Estocolmo la entrega del Premio Nobel de Literatura a Pablo Neruda en el año 1971, hecho que marcó su vida y que dio origen al libro *Neruda, memoria crepitante*, volumen pu-

blicado por Ediciones Radio Universidad de Chile. Publicó las novelas *Cadáveres del incendio hermoso* (1990), (Premio María Luisa Bombal, de Viña del Mar y Premio Municipal de Santiago); *Balmaceda, varón de una sola agua* (1991); *Javiera Carrera, madre de la patria* (2002), y en España, el libro *Oro, veneno y puñal* (2002), novela histórica ambientada en el Chile de la conquista que relata la historia de Catalina de los Ríos, La Quintrala. También ha publicado el ensayo *Los rostros de Neruda* (1998) y la crónica *Hormiga pinta caballos. Delia del Carril y su tiempo* (2006).

Obra de Stella Díaz Varin

- *Razón de mi ser.* Morales Ramos Editor, Santiago, 1949.
- *Sinfonía del hombre fósil.* Autoedición, Santiago, 1953.
- *Tiempo, medida imaginaria.* Grupo Fuego. Santiago, 1959.
- *Los dones previsibles.* Editorial Cuarto Propio. Santiago, 1992.
- *La Arenera*, 1993. Tríptico. Autoedición. Santiago, 1993.
- *Stella Díaz Varín: Poesía* (Antología editada en Cuba), 1994.
- *De cuerpo presente. Memorias.* Santiago, 1999.
- *Obra reunida.* Editorial Cuarto Propio. Santiago, 2011.

Fuentes utilizadas

- Memoria Chilena. Sitio web Biblioteca Nacional de Chile.
- *Conversaciones con Stella Díaz Varín.* Claudia Donoso Plate. Entrevista inédita.
- *Obra Reunida.* Stella Díaz Varín. Editorial Cuarto Propio, Santiago, 2011.
- "Breves reflexiones acerca de la obra de Stella Díaz Varín". Rosa Alcayaga Toro. Tesis de Magíster en Literatura. Universidad de Playa Ancha.